Amistad

Amistad

Un ensayo compartido

Mariano Sigman y Jacobo Bergareche

Libros del Asteroide

Papel certificado por el Forest Stewardship Council®

Libros del Asteroide

Primera edición: marzo de 2025

© 2025, Jacobo Bergareche y Mariano Sigman
© 2025, Libros del Asteroide, S. L. U.
Carrer Santaló, 11-13, 08021 Barcelona
© 2025, Penguin Random House Grupo Editorial, S. A. U.
Travessera de Gràcia, 47-49. 08021 Barcelona

Penguin Random House Grupo Editorial apoya la protección de la propiedad intelectual. La propiedad intelectual estimula la creatividad, defiende la diversidad en el ámbito de las ideas y el conocimiento, promueve la libre expresión y favorece una cultura viva. Gracias por comprar una edición autorizada de este libro y por respetar las leyes de propiedad intelectual al no reproducir ni distribuir ninguna parte de esta obra por ningún medio sin permiso. Al hacerlo está respaldando a los autores y permitiendo que PRHGE continúe publicando libros para todos los lectores. De conformidad con lo dispuesto en el artículo 67.3 del Real Decreto Ley 24/2021, de 2 de noviembre, PRHGE se reserva expresamente los derechos de reproducción y de uso de esta obra y de todos sus elementos mediante medios de lectura mecánica y otros medios adecuados a tal fin. Diríjase a CEDRO (Centro Español de Derechos Reprográficos, http://www.cedro.org) si necesita reproducir algún fragmento de esta obra.
En caso de necesidad, contacte con: seguridadproductos@penguinrandomhouse.com

Printed in Spain – Impreso en España

ISBN: 978-84-10433-21-2
Depósito legal: B-2.617-2025

Compuesto en M. I. Maquetación, S. L.

Impreso en Liberdúplex
Sant Llorenç d'Hortons (Barcelona)

C 4 3 3 2 1 2

Mariano quiere dedicar este libro a:
*Mi papá y mi mamá, admiro las amistades de sus vidas.
A mis hermanos, en la calma y la alegría de saber
que seremos siempre amigos.
A Claruchi, mi amor, nuestra amistad
no resistió la interferencia del deseo.
A Milo y Noah, por tantas cenas interrumpidas a carcajadas.*

Jacobo quiere dedicar este libro a:
*Mi abuela Rosario, que nos enseñó a dar de comer.
A mis padres, que siempre tienen la casa abierta.
A mi hermano Nicolás, con quien comparto tantos amigos.
A Belén, a la que mis amigas quieren más que a mí.
A Pepa, Alicia y Sol, con la esperanza de que sigan
haciendo amistades toda la vida.*

I count myself in nothing else so happy,
as in a soul remembering my good friends.

WILLIAM SHAKESPEARE, *Richard II, 2, 3*

Índice

INTRODUCCIÓN. Nuestro *banquete* 13

1. EL LENGUAJE DE LA AMISTAD 23
      Respirar juntos 25
      Cuando no hay presencia 29
      La llave universal, y la que no abre nada 33
      La cuadrilla 40
      Abrir la nevera sin pedir permiso 44

2. FLECHAZOS Y RUPTURAS 53
      La apertura del canal 55
      Miopías en el sexto sentido 62
      El baño del Revólver 67
      Portazos o desvanecimientos 72

3. IGUALDAD Y ASIMETRÍAS 77
      Espacios de paridad 79
      El ladrón de alegría 83
      Amigos que no nos hablan 88
      Dioses de carne y hueso 91
      El adulador 95

4. Los límites de la amistad 103
   Cuidarse y despellejarse 105
   Amistad y sexos 112
   El bar del Congreso 119
   Tolerarse, aceptarse y extenderse 127
   Abandonar a un amigo 132

5. Identidad y memoria 137
   Los amigos ficticios 139
   El nombre que te da un amigo 147
   Mirar con ojos brillosos 151
   Cambiar la piel 157
   Un lugar en el mundo 163
   Disfrutar a un amigo o ser un buen amigo ... 168

6. Espacio y tiempo 175
   Ser y estar 177
   La fiesta 181
   Embarcarse 188
   Los países de los blancos 191

Reflexiones de sobremesa 197
Bibliografía 203

Introducción

Nuestro *banquete*

En enero de 2017, Mariano, un neurocientífico bonaerense, cayó como un paracaidista en una pequeña calle del barrio de Chamartín, en Madrid. Se mudó con su mujer y sus hijos de cinco y siete años a una casa provisional, en la que nunca llegó a vaciar del todo las cajas. Cada vez que abría la ventana oía el flamenco de Pata Negra, el saxo de Lester Young o las maracas del Trío Matamoros, que sonaban a todo volumen desde una casa vecina a la que unos meses antes había llegado, más como náufrago que como paracaidista, Jacobo, un madrileño de ascendencia vasca. Acababa de cerrar su empresa de diseño de aplicaciones móviles en Austin, Texas, donde llevaba unos años viviendo con su familia. Estos dos vecinos cuarentones estaban encerrados en sus casas, una frente a la otra, preguntándose qué hacer con el resto de sus vidas y poniendo en marcha todo tipo de proyectos que nunca terminaban de concretarse.

El rumor de que aquel argentino que estaba todo el día encerrado era un reputado neurocientífico excitó la curiosidad de los vecinos, hasta el punto de que un día la cuñada de Jacobo, que vivía en la misma calle, organizó un aperitivo al que invitó a medio barrio para sacar al científico argentino de su madriguera. Mariano suele hablar con soltura para grandes audiencias, pero eso no hace más que disimular su profunda introversión. Imaginaba ese aperitivo de vecinos chismosos —al que fue empujado por el entusiasmo social de su mujer— como una pesadilla propia de un suburbio estadounidense que no se esperaba encontrar en Madrid. Se sentó en una esquina en el más estricto silencio y calculó cuántos minutos de cortesía debía conceder a esa gente antes de poder huir de vuelta a casa. Pero su plan de huida se topó con otro que habían puesto en marcha los vecinos. La comitiva del barrio había depositado toda su confianza en las habilidades sociales de Jacobo para que le extrajera alguna declaración, cualquier información morbosa que les permitiera luego ostentarla con sus conocidos. Esperaban revelaciones oraculares sobre la naturaleza del alma humana, los rincones tenebrosos del deseo, los interruptores de la oxitocina y demás temas que rellenan las páginas de divulgación de cualquier revista dominical y provocan una fascinación casi pueril a los legos en la materia. Mariano, espeluznado ante esa encerrona, se encogió aún más si cabe en la esquina sombría del jardín donde tomaba el aperitivo, mientras Jacobo, con ímpetu de minero, seguía picando roca en busca de conversación.

Todo cambió cuando Mariano, que ya calculaba el momento de retirarse, escuchó al hermano de Jacobo hablar de un torneo de mus. Se le iluminó la cara, preguntó por aquel juego de cartas del que tanto había oído hablar, y Jacobo pudo decir con entusiasmo aquello de «¡Me alegra que me hagas esa pregunta!». A Mariano le gusta aprender los juegos que son populares en cada sitio al que viaja, mientras que Jacobo no sabe de ningún otro juego, ni le interesa aprender más; el mus le colma, siente que es la mejor manera de extender una sobremesa.

Pasado un año, Mariano y Jacobo ya se presentaban juntos a campeonatos de mus, y, como se juega de a cuatro, Mariano conoció también a los amigos de Jacobo, y a los amigos de sus amigos. Pronto empezaron a hacer otras cosas propias de la amistad, como montar en bicicleta, hacer asados y arroces y cantar en las sobremesas. Les tocó justo una buena temporada de fiestas en las que fueron generando una intimidad, en la misma medida en que también perdían algo de esa dignidad que el desconocimiento mutuo suele otorgar. Muy rápido se encendió entre ellos la química del carbono, ese elemento inexplicable que hace que dos personas sientan, en la piel, el deseo de amistad.

Por entonces, Jacobo, que seguía sin saber bien qué hacer con su vida, empezó a escribir su primera novela y compartió sus borradores con Mariano. Este, a su vez, leyó el manuscrito de su nuevo ensayo a Jacobo. Ambos libros se publicaron y tuvieron buena acogida, la necesaria para ilusionarse con la idea de escribir más. Pasado un tiempo, a Mariano le pareció que, como el mus, los asados o la bicicleta, escribir un libro también era una buena oportunidad para embarcarse en una aventura con un amigo. Entonces le propuso a Jacobo escribir algo a cuatro manos, y Jacobo pensó que ese algo que estaría bien investigar junto a un amigo era precisamente la amistad. No sabían muy bien cómo abordar un tema tan vasto y polimorfo, pero, como primera regla, acordaron que el narrador sería la primera persona del plural; no habría un tú ni un yo, sino una sola voz nacida del nosotros.

INTRODUCCIÓN

El experimento

Dejamos todo lo que estábamos haciendo para arrancar la escritura del libro el lunes 5 de mayo de 2024. Después de dar algunas vueltas eligiendo en qué fuentes abrevar para obtener información y reflexiones acerca de la amistad, dimos con un método particular, casi un experimento. En esencia, decidimos que, para escribir sobre la amistad, había que recurrir a los amigos.

Sobre la amistad se ha escrito mucho desde que empezó a escribirse. Es ya un tema central de la obra más antigua de la literatura, *La epopeya de Gilgamesh*, y fue objeto de estudio de los filósofos griegos. En *Ética a Nicómaco*, Aristóteles dedica dos libros enteros a definir y analizar los distintos tipos de amistad para construir un ideal. Antes que él, Platón y Jenofonte, en sus banquetes, pintan, sin necesidad de definirla, lo que muchos sentimos que es la amistad. En sus respectivos diálogos observamos a un grupo de amigos de lo más variopinto, alegres de reencontrarse, estirando una sobremesa hasta el amanecer, bebiendo vino, contándose chistes e historias, explorando temas frívolos y otros más profundos, discutiendo y contraponiendo opiniones. Juntos, interpelándose los unos a los otros, construyen sus conceptos sobre las grandes ideas. En ese sentido, estos dos discípulos de Sócrates nos proponen algo muy sugerente: que es en la conversación con el amigo donde se alumbra el conocimiento.

Aristóteles, que es discípulo de Platón, cuando nos habla de la amistad lo hace, en cambio, con un tratado exhaustivo, sin personajes y sin adornos literarios. Nos presenta un discurso y no un diálogo, busca la verdad desde la escritura y el estudio, y piensa a solas, en el silencio de una habitación. Esto supone un cambio enorme en la metodología del filósofo; a partir de él, y hasta nuestros días, el método más usual para filosofar es encerrarse con un montón de libros, estudiar qué pensaron otros en sus respectivos encierros y después hacer una larga reflexión escrita que, al fin y al cabo, no es más que una forma de levantar acta del solitario diálogo que uno mantiene consigo mismo.

Nosotros pensamos que el propio tema de la amistad pide un retorno al banquete platónico; que el espacio es el círculo de amigos, que el tiempo —o más bien el tempo— es el de la sobremesa, el accesorio es la copa de vino y el punto de partida es alguna pregunta. Pergeñamos entonces una lista con muchos amigos —y amigos de amigos— para conversar sobre la amistad. Imaginamos que con lo que aprendiéramos juntos en esas conversaciones tendríamos un material único para elaborar nuestro ensayo. Elegimos un escenario para alojar esas conversaciones: una nave industrial de un barrio alejado de Madrid en la que, además de poder instalar cómodamente una mesa y unos micrófonos, había también una buena cocina, lo que nos permitiría, emulando el antiguo banquete platónico, cocinar, comer y beber mientras conversábamos. Empezamos a contactar a los invitados para concertar las citas y ya en esa fase preliminar nuestro incipiente experimento nos reveló algo: lo extraordinariamente fácil que es convocar a la gente para hablar sobre la amistad. No hubo nadie a quien llamáramos —ni siquiera a aquellos que no conocíamos de nada— que no hiciese el esfuerzo de encontrar un hueco en su agenda para acudir a la cita. No fueron pocos los amigos que se molestaron por no haber sido invitados.

Y es que hablar sobre la amistad es grato para casi todo el mundo, pues al preguntarnos sobre quiénes son nuestros amigos se nos suele llenar la memoria con la luz de los mejores recuerdos, y, cuando hacemos la reflexión sobre lo que pensamos que debiera ser la amistad, muchos atisbamos algo que nos reconforta poderosamente y otros muchos creen ver en ella aquello que da sentido a la vida.

Una vez concretado el calendario de encuentros, echó a andar nuestro experimento: durante cinco días intensos y extenuantes conversamos y grabamos las opiniones, los recuerdos y las reflexiones de setenta y cinco personas acerca de la amistad; eran hombres, mujeres, ancianos, niños, musulmanes, judíos, cristianos, homosexuales, heterosexuales, policías, músicos, banqueros, galeristas, actrices, jardineros, camareros, conserjes, agricultores o periodistas. Como habíamos planeado, con muchos de ellos, además de conversar y grabar, comimos y bebimos, emulando efectivamente el antiguo banquete platónico.

El viernes 10 de mayo de 2024, hacia el final de la última jornada de charlas y comilonas, aunque todavía no habíamos escrito una palabra, sentíamos que, en cierto modo, ya teníamos el libro. Era de madrugada en el barrio de Tetuán y nos quedaba una última reserva de fuerzas para arrastrarnos hasta nuestras casas y desplomarnos en la cama. Llevábamos casi una semana en una nave industrial diáfana, de techos altos, prácticamente vacía. Un par de lámparas apenas alcanzaban a alumbrar un rincón con una luz tenue y anaranjada. Casi en la penumbra, había dos mesas redondas con mantel: en una había varias botellas vacías de tinto y blanco, latas de cerveza y servilletas arrugadas; en la otra todavía quedábamos cuatro personas hablando ante unos micrófonos, grabando una conversación de sobremesa. Rosa Montero, escritora y periodista de setenta y dos años, era una de las dos últimas invitadas. Cuando le preguntamos si consideraba que Petra —la pequeña perra que en esos momentos se acurrucaba dócilmente en su regazo— era una amiga, Rosa nos contestó sin asomo de dudas que no, pues a los perros pequeños se los ha de cuidar como a un bebé a cambio de poca cosa. Sin embargo, puntualizó, los perros grandes sí son amigos, porque construyen vínculos en los que hay reciprocidad, ofrecen protección, generan admiración y con ellos se dan otros atributos propios de una relación de amistad. Cuando entonces le preguntamos cómo de grande tiene que ser un perro para empezar a hablar de un amigo y no de un familiar dependiente, nos dijo sin pestañear: «A partir de treinta kilos». Justo al final de esas sesiones maratonianas que nos llevaron a conversar con personas de lo más diversas, apareció por fin el que quizá fuera el único dato preciso y unívoco sobre qué constituye la amistad: un perro a partir de treinta kilos. Todo lo demás parecía discutible... En la amistad hay pocas certezas. Apagamos la grabadora y nos fuimos a nuestra casa a dormir, con el runrún de fondo de todas aquellas voces.

Dos marchando juntos

> Sin amigos nadie querría vivir, aunque tuviera todos los otros bienes; incluso los que poseen riquezas, autoridad o poder parece que necesitan sobre todo amigos [...]. En la pobreza y en las demás desgracias consideramos a los amigos como el único refugio. [...] «Dos marchando juntos», pues con amigos los hombres están más capacitados para pensar y actuar.

Ese «dos marchando juntos» que Aristóteles cita en *Ética a Nicómaco* está tomado de un verso de la *Ilíada* que se hizo proverbial en la antigua Grecia para hablar de amistad y que expresa una idea tan breve como bella: los amigos caminan uno al lado del otro, mirando el mismo horizonte. Fue así, marchando juntos, acompañados de todos los que vinieron a charlar, comer, beber y pensar con nosotros, como fuimos identificando los temas recurrentes que aparecen cuando pensamos la amistad: la temporalidad, la reciprocidad, la lealtad, pero también la fricción, la interferencia, la opacidad, la admiración, el interés, el goce, sus traiciones, sus comienzos y sus finales.

Así como estos temas se repitieron en casi todas las conversaciones, el punto de vista sobre cada uno de ellos variaba en un espectro amplio, muchas veces entre posiciones antagónicas: el que piensa que es imposible hacer amistades «de verdad» en la adultez y la que desde su perspectiva lo encuentra lo más natural del mundo; el que cree que el cimiento mismo de la amistad es la lealtad o la que considera en cambio que es un terreno que admite la traición y nos enseña a perdonarla. Casi todas las personas se acercan a este debate con la misma frase: «Para mí, la amistad es…». Nosotros nos propusimos encontrar orden en ese desorden. No buscamos, ni nos interesaron, los promedios ni las mayorías, ni tampoco establecer recomendaciones normativas sobre cómo ha de ser «una buena amistad». Por el contrario, vimos en este mejunje una oda a la diversidad y a la extraordinaria capacidad que tenemos de encontrar un sentimiento que nos acerca —el de la amistad— en formas y expresiones de lo más variadas.

La regularidad más elocuente de todas nuestras conversaciones es que la gente no comparte verdades, pero sí intereses en su acepción más amplia: aficiones, vicios, quehaceres, deportes. Es decir, casi todos coincidimos en cuáles son los temas en los que se dirime la amistad, pero disentimos a todas luces de cómo se resuelven cada uno de ellos. Esta idea encuentra eco en las de R. W. Emerson y C. S. Lewis, autores de dos de los textos más influyentes sobre la amistad en la literatura. Emerson la presenta como una forma del amor en la que decir «¿Me amas?» significa «¿Ves tú la misma verdad que veo yo?». Lewis ahonda en esta idea, precisando que lo que en realidad comparten las dos miradas —esa verdad— es un interés: que al otro le importe lo que a uno le importa. «La persona que está de acuerdo con nosotros en que un determinado problema, casi ignorado por otros, es de gran importancia puede ser amiga nuestra; no es necesario que esté de acuerdo con nosotros en la solución».

En este libro, exploraremos diversos asuntos sobre los que construimos nuestra idea de la amistad: cómo comienza o cómo se rompe, cuán resistente es a la interferencia del deseo erótico o si acaso puede emerger entre personas con grandes diferencias sociales y culturales. Las ideas sobre cada uno de estos temas provienen sobre todo de las voces de los personajes de nuestro banquete, pero a veces también de otros ensayos filosóficos, de la literatura o de la ciencia. A lo largo de las siguientes páginas conversan las personas que, una a una, nos fueron visitando. Entran y salen, como en una obra de teatro, a veces con una frase y otras con un monólogo. Son todas reales y llevan sus propios nombres, salvo en algunos casos en los que, por pudor o prudencia, nos pidieron usar un pseudónimo.

Aquí los dejamos con los participantes del banquete y con sus voces combinadas, en las que fuimos descubriendo la fauna variopinta de la amistad.

1

El lenguaje de la amistad

Respirar juntos

Atrapado en el tráfico de Madrid, Luis recibe un mensaje de su novia: «¿Te importa si no voy a cenar?, me he encontrado con Pedro». Luis da un frenazo, suelta el volante y empieza a mover rápidamente los pulgares sobre la pantalla del móvil. Del otro lado, Ana ve aparecer un mensaje que dice «Luis está escribiendo». Mira con cierta ansiedad ese texto intermitente y al fin llega una respuesta que considera sorprendentemente breve para todo el tiempo que lleva esperando: «Haz lo que quieras». Es un mensaje que suele indicar lo contrario de lo que dice. Sería muy distinto si estuviese envuelto en frases cariñosas: «No te preocupes, haz lo que quieras y diviértete. Beso, te quiero», o quizá bastara un salpimentado de emojis amorosos como condimento, «😍😘😗 haz lo que quieras 💋❤️», para que realmente significara lo que dice. Estos matices son muy fáciles de reconocer en las relaciones cara a cara, donde una risa o desplazar sutilmente la mirada pueden implicar muchas más cosas que todo lo que se ha dicho. Acumulamos miles de años de experiencia en ese espacio de presencia simultánea, en el que hemos construido nuestras relaciones con otros, y apenas dos décadas en dispositivos que están monopolizando los vínculos humanos.

Luis y Ana son personajes ficticios que inventamos para ilustrar algunos de los conceptos que nos trajo a la mesa Marta Peirano. Cuando hablamos de estas ambigüedades y malentendidos en la comunicación digital, Marta nos cuenta que siempre le han gustado los emojis, pero que atravesó un momento de duda en el que se preguntó si una persona adulta debería usarlos: «Decidí navegar por WhatsApp como Clint Eastwood camina por el desierto. Y entonces tuve la peor semana de mi vida, en la que todo el mundo se enfadó conmigo. Cada cosa que dije se malinterpretó solamente porque me faltaron emojis y signos de exclamación que marcaran la ironía o la voluntad chistosa de lo que yo quería decir».

Marta lleva años estudiando cómo las redes y otros medios transforman nuestra manera de pensar y relacionarnos. Es periodista, escribe libros, da charlas y, quizá como una forma de hallar un espacio de sociabilidad compatible con su introversión, ha sido pionera en el uso de las comunidades digitales. Allí estaba ya en la prehistoria cibernética de ICQ y MySpace, y en esa edad de la inocencia digital en que aún era posible hacer amigos en Twitter. En la tarde del penúltimo día de encierro en la nave nos explicó, usando los conceptos de «fricción» y «sincronicidad», cómo este cambio abrupto en el medio en el que transcurren las relaciones humanas puede poner en riesgo un vínculo ancestral: el de la amistad.

Cuando habla de la sincronicidad usa una metáfora que hemos hecho nuestra, *respirar el mismo aire*. Que haga calor o frío para los dos, que si la tormenta brama con un trueno aterrador ambos se asusten a la vez, y que si llega el aroma de un asado ambos saliven. En cambio, en el mundo virtual, una puede iniciar una conversación en una tarde de Madrid mientras el otro está saliendo de una discoteca en Tokio. «Siento que necesitamos desesperadamente crear espacios arquitectónicos de interacción física. Las discotecas y las iglesias son sincrónicas. Rezar a la vez es respirar a la vez. Bailar a veces también es respirar a la vez. Jugar es sincronizarse en lo físico».

Le hablamos a Marta sobre Lucy, un maniquí de lo más curioso que le regalaron a uno de nuestros invitados. Tenía un circuito eléctrico que hacía que al tocarle un pezón diera una descarga eléctrica lo suficientemente poderosa como para producir una buena chispa de dolor. Con un grupo de amigos solían formar un círculo cogidos de la mano, cerraban los ojos y esperaban unos cuantos segundos hasta que alguno se atrevía a tocar el pezón. Entonces todos gritaban y se retorcían al unísono, en una sincronía casi perfecta, salvo por la imperceptible fracción de segundo que tardaba en fluir la electricidad de uno a otro. Es un juego muy difícil de explicar, o de entender, pero en ese momento de incertidumbre respiraban juntos, compartían la ansiedad y luego la sorpresa, experimentaban sincrónicamente un leve calambre y después, al fin, una carcajada insensata. Hay, por supuesto, otros ejemplos menos enrevesados, aunque quizá más prosaicos, de sincronías: en el baile, en la grada del estadio de fútbol, entre los remeros de las traineras o, sencillamente, entre quienes dan un paseo por el parque mientras hablan de la vida.

La segunda razón por la cual Peirano piensa que la amistad corre peligro en el mundo virtual es la pérdida de fricción. Con esto se refiere a que con el mero gesto de apretar un botón se pueda pedir comida del restaurante de la esquina, recibir un libro, buscar a alguien con quien tener un encuentro sexual mañana por la tarde o simplemente que nos entierren en *likes* y corazones de colores. Esto puede parecernos conveniente porque, puestos a elegir, resulta mejor hacer las cosas con menos esfuerzo y con inmediatez. Pero esta conveniencia oculta un riesgo: Google sustituye la memoria, Waze la facultad de orientarse y TikTok dirige nuestra atención. Cada uno de estos ejemplos confirma lo que anticipó Marshall McLuhan, a saber, que las tecnologías son medios que entumecen cada una de las facultades cognitivas que reemplazamos con ellas, y de esta regla no están exentas nuestras habilidades para crear vínculos de amistad: «Cuando te encuentras con un vecino al que apenas conoces te puedes sentir incómodo. Eso es fricción. O cuando tienes que relacionarte en el trabajo con alguien, un jefe, un compañero que no te cae bien, eso también es fricción. Y la fricción requiere política, requiere compromiso, requiere un esfuerzo y una adaptación».

Marta sostiene que, al evitar la fricción, dejamos de ejercitarnos en los espacios que exigen negociación social y que, por tanto, nos volvemos cada vez más torpes con los extraños, más incapaces de socializar de forma profunda, de desarrollar los gestos y las expresiones propias de la afabilidad, nuestro repertorio de sonrisas, de expresiones, coletillas y, en definitiva, de estrategias para abrirnos los unos a los otros. Y es que hacerlo requiere esfuerzo. «Aprendiste en el colegio que, al exponerte al choque inicial, aquella chica que te resultaba antipática a lo mejor acababa siendo tu mejor amiga».

Flotar en el éter de la convivencia digital, donde ya no hay fricción, nos permite ignorar a la persona que expresa ideas antagónicas a las nuestras y así se va atrofiando nuestra capacidad de acercarnos a quienes nos resultan diferentes. Solemos pensar que la amistad simplemente se ejerce y transcurre sin práctica ni esfuerzo. Sin embargo, como cualquier otra facultad, también se aprende. La cortesía, la aceptación de la discrepancia, la toma de conciencia y perspectiva del otro se entrenan. Tan importante es esto que lo primero que uno aprende de un idioma es cómo decir «gracias», «salud», «buenos días» o «por favor». En el mensaje de WhatsApp de Luis a Ana faltan justamente ese tipo de palabras, la música de la entonación y las expresiones faciales. Entonces, la comunicación se vuelve áspera y fría. En el patio, en la vecindad, en el espacio compartido o incluso en esos juegos disparatados, como el de Lucy, el maniquí que electrocuta, se aprenden asuntos tan o más importantes que el cálculo o la geografía, esas prácticas imprescindibles para que la amistad no se atrofie en un universo etéreo, asincrónico y sin fricción.

Cuando no hay presencia

Encender un fuego es un proceso laborioso que requiere maderas pequeñas, oxígeno, una dosis justa de aire y poca humedad, pero, una vez encendido, basta con echar de vez en cuando un leño para que no se apague. Algo parecido ocurre con la amistad: germina en condiciones muy particulares, pero, una vez ha enraizado, fluye y se vuelve resistente a la distancia y las intermitencias. Podemos adivinar lo que un amigo piensa o siente sin haber intercambiado una palabra. Es que el tiempo, que corre en contra de los amores, juega siempre a favor de la amistad.

Cuando le preguntamos a la filósofa Mariana Noé por qué en la distancia algunas amistades sobreviven y otras se descomponen, nos respondió: «Cada tanto, una amiga me escribe para contarme que leyó un libro y se acordó de mí, y yo justo lo había leído. Es como si estuviéramos viviendo aún en el mismo espacio».

Milo Sigman nos habla con una voz en la que ya casi han desaparecido los tonos de la infancia y un cuerpo que parece estirarse mientras conversamos. Es el más joven de los que se han sentado en nuestro banquete. Se presenta de forma escueta y declara una profesión que ya nadie comparte en esta mesa, pero por la que pasaron todos: «Soy Milo, tengo catorce años y voy al colegio». Alterna entonaciones rioplatenses y castellanas del español con la naturalidad de un bilingüe: «En casa hablo argentino, pero con mis amigos de España hablo español porque realmente mi vida consciente la he vivido más aquí que en Argentina».

Casi todas las personas con las que hemos conversado en el banquete han caminado ya muchos años junto a sus amigos, han pasado largas épocas de amistades que van y vienen, pueden mirar sus vidas con perspectiva y analizar cómo y por qué mantienen aquellos amigos con los que alguna vez respiraron el mismo aire. En cambio, la mirada de Milo es prospectiva: «Tengo un mejor amigo desde hace muchísimo tiempo, con el que creo que seguiremos siendo siempre amigos, aunque la vida nos separe cuando cambiemos de colegio». Con «muchísimo tiempo» se refiere a los siete años que lleva viviendo en España, y lo cierto es que ese tiempo es exactamente la mitad de su vida, pues la otra mitad, la de la primera infancia, es una bruma confusa en su memoria. Recuerda que en su primer día como «el nuevo del colegio» se encontró con Max y sintió ese primer flechazo de la amistad que desde entonces se ha ido consolidando hasta llegar juntos a la adolescencia: «Creo que con mis mejores amigos, que son como hermanos, podría estar en cualquier lugar, en cualquier momento y aun así seguir sintiendo esa misma conexión». Milo sospecha que en el futuro le sucederá lo que le ocurrió a Mariana en el pasado: la sincronía que ha construido con sus «hermanos» persistirá aun cuando dejen de compartir el espacio en el que nació su amistad.

Milo se fue con siete años de Buenos Aires y cada vez que vuelve queda con sus amigos, se dan un abrazo y se ponen a andar como si se hubiesen visto todos los días. Salen por las calles de la ciudad y cada año van cambiando los ritos y los hábitos de una forma que se vuelve mucho más tangible en esta secuencia discontinua de encuentros. En sus primeros viajes de regreso armaban legos o jugaban al escondite. Ahora ya van a sus primeras fiestas, vuelven y pasan la noche en larguísimas conversaciones en las que comparten amores y desamores. Los videojuegos y las redes sociales les han servido para alimentar con leños esa hoguera de la amistad durante las ausencias tanto más largas que el tiempo que comparten en cada visita a Buenos Aires.

Aquí vemos que hay situaciones en las que la comunicación a distancia, lejos de ser nociva y poner en riesgo la amistad, es justamente el cable del que tiramos para seguir unidos a personas que están a un océano de nosotros y con las que compartimos cicatrices. En casos extremos, puede ser el único soporte posible de una amistad. Los ingleses tienen un nombre específico para esas relaciones que se cultivan mediante la conversación epistolar, los *penpals* (formado por *pen*, «pluma», y *pal*, «amigo»). Esas amistades se construyen a través de una correspondencia lenta, lo que naturalmente da lugar a un ejercicio de introspección en el que el autor de la carta se toma el tiempo para pensar en el destinatario y en lo que quiere contarle. En ese esfuerzo uno hace presente al otro en su imaginación, le habla como si estuviera delante de él, comparte esa intimidad que se crea cuando se habla desde la soledad del que escribe a la soledad de quien lee. La historia de la literatura está llena de correspondencias que son la última huella que nos queda de amistades legendarias.

Marcos Urwitz, neurocientífico argentino expatriado en Madrid, nos cuenta la historia de su abuela Miriam, nacida en Grodno hace más de un siglo. Cuando ella tenía apenas un año, su hermana Feigele, de veinte, tomó un tren a Hamburgo y de ahí un barco a Nueva York, se instaló en un conventillo y trabajó de obrera en la industria textil. Miriam siempre soñó con reencontrarse con su hermana mayor en Nueva York, pero cuando por fin logró ahorrar dinero para el viaje, Estados Unidos dejó de dar permisos de entrada. Miriam viajó entonces con su familia a Buenos Aires, donde se instaló. Durante veinticinco años cada una vivió en un extremo del continente americano, hasta que por fin Feigele hizo un viaje de tres días, con diez escalas, en un DC-4 que volaba a cuatrocientos cincuenta kilómetros por hora. Aterrizó en Buenos Aires, y Miriam, que ya tenía cuarenta y cinco años y dos hijas, pudo abrazar por primera vez a su hermana. La conocía plenamente porque su historia, el amor, el humor y, en definitiva, la amistad se habían tejido en miles de cartas que viajaban cada semana de Nueva York a Grodno y, años después, de Nueva York a Buenos Aires. En esas cartas respiraron juntas, compartieron su experiencia, se sincronizaron, sufrieron las mismas pérdidas, compartieron bodas, nacimientos, miedos, dolores y anhelos. Ahí construyeron su discoteca, su catedral, el lugar en el que rezaron juntas.

La llave universal, y la que no abre nada

Dormir en el número 1600 de la avenida Pennsylvania, en Washington D. C., está al alcance de muy pocos. Además del presidente de Estados Unidos, su familia y sus mascotas, solo pernoctan allí los más altos mandatarios de países poderosos. Aunque también pueden contar que durmieron en la Casa Blanca aquellos allegados a la familia del presidente de turno que a veces reciben una invitación, como la que podría hacer cualquier persona a un amigo para que vaya a visitarla a su casa, cene con ella y se tome un vino mientras hablan de la vida. Esto último, que es un hecho ciertamente inusual, le sucedió a Pablo Meyer después de conocer a una de las hijas del entonces presidente George W. Bush en «la única vez en mi vida que fui a ver una pelea de box». De ese encuentro nació una amistad, y con ella llegó una invitación. Al poco tiempo, Pablo rascaba con una mano la espalda de Barney, el terrier escocés de los Bush, mientras que con la otra recibía un vaso de vino de la primera dama en uno de los salones de la Casa Blanca.

Quienes conocen a Pablo no se extrañan cuando escuchan esta anécdota. «Lo volvió a hacer», dirán. Esto ya es un *modus operandi*: acude a una fiesta, un restaurante, un bar, siente curiosidad por alguien y al poco ha conectado con él, se han caído bien y entablan una relación. De esa forma, su lista de amigos y conocidos es verdaderamente sorprendente: Leonardo DiCaprio, Paul Auster, Taylor Swift, Peter Gabriel, Sting, Gael García Bernal, Dolores Fonzi, etcétera, etcétera, etcétera.

No es que Pablo vaya a la caza de famosos por algún interés concreto; él es físico de formación y se dedica a investigar, para un laboratorio en Nueva York, temas de biología computacional para los que conocer a una celebridad no supone ventaja alguna. Ni siquiera se trata de ese tipo de interés voraz y superficial que las celebridades, por el mero hecho de serlo, suscitan en tantos, pues Pablo —que no tiene ningún escaparate en el que exhibir estos trofeos sociales— también cultiva la amistad de gente de lo más anónima, como la del inmigrante mexicano que según él hace las mejores tortillas de Nueva York. Pablo, que es medio francés, medio mexicano, se acerca a la gente desde una curiosidad genuina, propia de un verdadero explorador, sin otro interés que conocer en mayor profundidad a aquellos que le rodean, acceder a sus historias y descubrir con asombro las formas infinitas de la fauna humana.

Desde que probamos el sonido hasta que nos despedimos, Pablo sostiene una levísima sonrisa, está inclinado hacia nosotros con las manos apoyadas en las piernas. La conversación es apacible, habla de manera pausada y sin alzar mucho la voz, escucha atentamente lo que le preguntamos, piensa bastante antes de abrir la boca y, en esas pausas, empieza a dar algunas respuestas al misterio por el que lo hemos convocado al banquete: ese superpoder que lo ha llevado a hacerse amigo de las personas más insospechadas en los lugares más improbables.

Pablo se muestra pudoroso cuando le preguntamos por su habilidad para conectar con gente tan variopinta; pese a eso, vamos descubriendo algunas ideas. Primero, su curiosidad natural. El deseo de descubrir almas como un niño que se acerca a un quiosco de golosinas. Pasada la mitad de la charla, encontramos otra idea: la clave de su predisposición para establecer amistades de diferentes culturas, países y clases sociales no parece estar en el lenguaje de las palabras, sino en el de los gestos. Pablo es un políglota del lenguaje no verbal de la amistad: «Entender los momentos es también leer a la persona, descifrar visualmente quién está enfrente y adaptarse a eso para establecer un canal de comunicación». Al final de la conversación nos ofrece una última explicación que para nosotros era ya evidente desde que se sentó a hablar: es un optimista nato y la alegría, como la belleza, es un poder que atrae a la gente. «Tengo una gran felicidad interna. No sé de dónde viene, pero es una especie de creencia en el bien humano y en las personas». Aquellos que lo conocen a fondo pronostican que, si observan que en su rostro se interrumpe ese gesto sereno de alegría, algo apocalíptico ha debido de suceder.

Buscamos en Pablo las historias que desvelen qué hace que sintamos ese flechazo que nos provoca de forma automática e inexplicable un deseo de hacernos amigos de alguien. Parece que este científico franco-mexicano tiene una especie de llave maestra: la que permite conectar y encajar con cualquier pieza en ese proceso de reconocimiento casi molecular que dicta más que ningún otro elemento que dos personas formen un lazo de amistad.

Este flechazo parece funcionar en un plano invisible, como el sistema inmunológico. Cada persona expresa en la superficie de su identidad una pieza de encaje que resume su forma de mirar, de reírse, de sensibilizarse y de indagar o de abrazar. Cuando encuentra a otra persona compatible se produce el flechazo, como cuando un anticuerpo reconoce un antígeno. Parece que algunos expresan en la superficie una pieza muy versátil, que encaja con la de tantos otros. Ese es el caso de Pablo. Tiene esa suerte que lo ayuda a tener muchos y buenos amigos, y en general una buena vida.

Otras personas, en cambio, parecen no encajar con nadie. Como una pieza de lego que se ha extraviado en una caja de mecano, por muchísima vida interior, luminosidad y bondad que tengan, no logran conectar; entonces su vida se va deshaciendo, hasta que se rompen. Ana Stern sabe de esto. Es una psiquiatra afincada en Madrid, donde se ha especializado en adolescentes y niños. Nos explicó que, en la adolescencia, los dolores de la amistad son el centro de la práctica clínica y de la consulta. El sufrimiento proviene del fracaso que supone no poder encontrar, ni mucho menos crear, un grupo de pertenencia, un vínculo de semejantes con los que compartir lo que les pasa y construir así un refugio. Ese espacio que tanto precisamos cuando sentimos que ya no nos entiende nadie, ni siquiera nosotros mismos, y que nos permite pronunciar esa frase que C. S. Lewis consideraba la «típica expresión de apertura de la amistad, que sería algo así como "¿Qué? ¿Tú también? Pensé que era el único"».

Para el adolescente, tener un amigo es tener un lugar en el mundo. En la vida adulta la amistad sigue siendo un patrimonio, pero pierde ese carácter esencial porque el sentido de pertenencia puede encontrarse en la familia o en el trabajo. Stern nos habla en detalle de Martina, una paciente que la visitaba en los primeros años de primaria: «Como tantas, llegó porque era incapaz de hacer amigas. Las chicas la esquivaban, no la invitaban a ningún cumpleaños. Cuando entró en la adolescencia le gustaba otra música, no la que todos escuchaban, como el reguetón. Pero su dificultad para formar vínculos no estaba tanto en sus gustos como en su forma de ser, de gesticular». Lo que Martina no compartía eran los códigos expresivos de quienes la rodeaban. Tenía una rareza en el semblante, en la forma de estar, de moverse. Había en ella una imposibilidad de mimetizarse, como si no captara el código social. El lenguaje y el uniforme de la amistad. El *bro* con el que los adolescentes se copian y se identifican. «¿Qué les gusta a las chicas? ¿Cómo llevan el pelo los chavales? ¿Qué ropa usan, cómo se mueven? Los que trabajamos con la infancia identificamos rápidamente a quienes no comparten este código».

Ana sabe de esto como psiquiatra, pero también lo ha descubierto en la vida, como nos ocurre a casi todos al evocar esa tensión infantil y adolescente que sentíamos por ser uno más, por cumplir con las exigencias que el medio impone a quien desea pertenecer. Ana pasó de un colegio de un barrio obrero de Madrid a uno de gente más adinerada, al que asistían alumnos de una clase social de la que no se sentía parte. Al principio la señalaron por la indumentaria: «Levi's 501 pesqueros, suéter Privata, Martinelli ejecutivos. El jopo, las hombreras. Yo venía de otra onda, macarra, heavy metal, botas, leotardos». La cuarta vez que le dijeron que si no se quitaba esas botas dejarían de hablarle, pasó por el aro y asimiló el uniforme de aquel nuevo colegio.

En la adolescencia muchos van aprendiendo a cambiar el aspecto, el lenguaje, a mimetizarse para entrar en el canal de la amistad. Pero algunos, como Martina, nunca descubren cómo hacerlo. Ana, desde su consulta psiquiátrica, observa que algunas *microinfluencers* de patio de escuela marcan tendencia y luego las de su grupo las van siguiendo. A las seguidoras no les importa tanto esa música, ni esos pantalones, pero se adaptan y van asimilando los atributos y accesorios que las integran en el grupo. Tienen esa habilidad que destacaba Pablo de ajustarse para encajar en el canal de comunicación.

Martina era una chica inteligente, sensible, llena de vida, de ideas y de deseo de hacer cosas, pero ninguna de ellas eran las habituales del marco común, el reguetón, fumar, el ligoteo, las risas, y no podía, a su pesar, aflojar algunas tuercas para integrarse: «Yo deseaba que encontrase un grupo de raros con los que pudiese congeniar, porque en la primera adolescencia es fundamental entrar en ese código común que te da un grupo de pertenencia. Tener un pequeño territorio donde existir».

Martina pasó por varias depresiones, pero a fuerza de mucha contención y tratamiento, al pasar a la edad adulta, pudo salir adelante. Aun así, las preguntas sobre sus dificultades con la amistad —¿por qué no puedo hacer amigos? ¿Por qué no le caigo bien a nadie?— nunca tuvieron una respuesta clara para ella.

Tras días conversando sobre la amistad, descubrimos que se aprende más de ella cuando desaparece que en sus momentos de más esplendor. Entonces se revela con toda claridad su peso para conformar ese lugar en el mundo que los adolescentes buscan a toda costa, para insuflar el deseo mismo de vivir. Martina es la versión trágica de algo que acontece en cada colegio del mundo. Un *bullying* silencioso e invisible, tremendamente doloroso. El que sufre aquel que no encuentra a nadie que quiera ser su amigo.

Ana nos dice que a Martina le habría sido mucho más sencillo encontrar el camino de la amistad en un entorno familiar y escolar más comprensivo, y así nos señala que la amistad no es solo una predisposición innata, sino que se puede aprender. Pero este aprendizaje, a diferencia del de las matemáticas o el de la historia, suele pasar desapercibido porque no se desarrolla en clases ni transcurre en el terreno consciente del lenguaje. Por eso es casi imposible responder cuando una niña pregunta: «¿Qué es un amigo? ¿Puedo tener uno? ¿Cómo se hace?».

El descubrimiento de la amistad se asemeja al del lenguaje. El primer acercamiento a las palabras es rítmico, musical, prosódico; así, un niño de dos años ya entiende de qué van las palabras sin que nadie le haya dado una sola clase. En la exposición misma al lenguaje se descubren las reglas gramaticales —por eso un niño dice «yo sabo»—, y cuando estas mismas reglas se formalizan en el colegio, años después de haberlas descubierto, con gráficos sintácticos o tablas de conjugación, el lenguaje se vuelve arduo y laborioso. La lingüista Marina Nespor argumenta que, si imitáramos el mecanismo natural de consolidar primero la música de las palabras, el aprendizaje sería mucho más sencillo y efectivo. Esto sirve como metáfora del aprendizaje de la amistad: se trabaja, se cultiva y se aprende descubriendo su «música» y no sus supuestas «reglas gramaticales». Para la amistad bien vale aquello que decía Aristóteles: «Se aprende a tocar la flauta tocando la flauta».

Estamos todos en algún lugar entre Pablo Meyer, el políglota de la amistad, el que tiene la llave que abre todos los candados, y Martina, que tiene una llave que no abre ninguno. O más bien oscilamos, según el entorno, el lugar, el tiempo, entre uno y otro polo. Una buena parte del aprendizaje de la amistad consiste precisamente en encontrar aquellos grupos en los que uno encaja y donde la amistad surge de manera espontánea. La mayoría de la gente, con más o menos suerte, deambula dando tropezones hasta encontrarlos; para otras personas, como Martina, esto no sucede y es necesario que alguien les tienda una mano.

La cuadrilla

Muchos en el País Vasco cultivan la amistad en sociedades gastronómicas a las que tradicionalmente solo los hombres tienen acceso y cocinan los unos para los otros, beben y se afanan por obsequiarse productos excepcionales: el bonito que embotó un amigo, el tomate que cultiva otro, la seta encontrada, y así el tema de conversación en la comida es a menudo la propia comida. Para muchos vascos estas sociedades han marcado el modo en que se construyen los vínculos de amistad.

Nuestra primera cena fue con dos vascos de Bilbao, Luis Burgos y Santiago Bergareche. Les hicimos un revuelto de perretxikos para ablandarlos con sabores nostálgicos de su tierra, de la que ambos emigraron hace tiempo para instalarse en Madrid, donde descubrieron, entre otras cosas, nuevas formas para la amistad. Santiago, que tiene setenta y ocho años, cuenta que, al hablar de un amigo delante de otro de Bilbao, este le preguntó: «A qué te refieres, ¿amigo como en Bilbao o amigo como en Madrid?». Esa pregunta abunda en un tópico extendido entre los vascos: «Amigo como en Bilbao es la gente que conoces desde el colegio y de la que eres realmente muy amigo. Y, sin embargo, aquí en Madrid acabas de conocer a uno, llevas dos días seguidos viéndole y ya es amigo íntimo».

Para Santiago, igual que para muchos vascos, llamar a alguien amigo es casi concederle un título nobiliario que solo puede obtenerse tras muchísimos años de convivencia, y que quizá sea imposible ya de conseguir con plenitud de derechos para aquellos que no hayan compartido la infancia. Esos amigos con los que a medida que avanza la vida se pasa de jugar al fútbol en el patio del colegio a coger las primeras borracheras de la adolescencia e ir a las fiestas de los pueblos en busca de un grupo de mujeres a las que cortejar son una institución a la que los vascos llaman «la cuadrilla», y es a la que se refiere Santiago cuando piensa en sus amigos de Bilbao.

Santiago recuerda cómo reaccionaron los amigos de la cuadrilla en el episodio más doloroso de su vida, cuando unos asaltantes asesinaron en Angola a su hijo pequeño: «Hubo un momento en que, ya avanzada la cena, con bastante vino, yo les dije que me había sorprendido mucho, porque ellos eran los amigos de toda la vida. Ni me llamaban por teléfono, ni me venían a visitar, ni me preguntaban de vez en cuando "¿Cómo estás? ¿Vamos a comer hoy juntos?". Y uno de ellos me decía: "Santi, ya sabes que nosotros no queremos molestarte". Les dije: "¿Entonces para qué están los amigos si en el peor momento de mi vida tengo que prescindir de todos vosotros? Sin embargo, personas menos amigas que vosotros en Madrid me están llevando por los aires, tratando de agradar y de que no estemos solos mi mujer y yo"». Los amigos de infancia de Santiago funcionaban como un grupo y no se vinculaban por separado, mano a mano, que es como suele aflorar la conversación sobre lo íntimo. Todo lo que pertenecía a la esfera profunda de los sentimientos difícilmente emergía en los lugares y las actividades donde transcurría la amistad de esa cuadrilla bilbaína. Curiosamente, a pesar de que eran sus amigos de Madrid los que le daban consuelo y le acompañaban en el duelo, Santiago seguía manteniendo que sus *amigos de verdad* eran los de su cuadrilla de Bilbao.

Luis Burgos discrepa y sostiene que «la cuadrilla no tiene que ver con la amistad. Para mí se trata más de una tribu y de la sensación de reconocerse en un grupo. Ahí hay muchas enemistades, envidias, gente con la que has tenido rivalidades y que luego los ves en la Semana Grande, cantas unas canciones y ya». Para este galerista de sesenta años, las verdaderas amistades solo pueden darse de uno a uno.

Luis asegura que no conoció la amistad hasta que su padre lo mandó a un colegio interno lejos de Bilbao. Fue allí, separado de su familia y completamente solo en un ambiente bastante hostil, donde dice haber encontrado la primera amistad que reconoce como tal, que define como «esa necesidad entrañable de un alma gemela». Su idea de amistad es que uno debe ser entendido, no solo escuchado: «Yo creo que muchas personas no llegan a sentir esa amistad nunca».

El fenómeno de la cuadrilla, ese grupo de amigos de un mismo género muy poco permeable a nuevas incorporaciones y muy contrario a la conversación sobre lo íntimo, no es exclusivo del País Vasco, ni queremos decir que allí no se den amistades como las que describe Luis Burgos. Pero muestra que las formas de la amistad tienen un fuerte componente cultural. Esto, que puede parecer una obviedad —y en cierta forma lo es—, tomó un matiz sorprendente cuando nos visitó el catedrático de matemáticas Anxo Sánchez tras atravesar Madrid de sur a norte desde la Universidad Carlos III, donde tiene su despacho. Llegó con un cuaderno y con el espíritu de un científico, celebrando cada vez que le preguntamos algo cuya respuesta no conocía.

Anxo es un personaje atípico: un físico teórico que desde un departamento de matemáticas estudia cómo la cultura da forma a la amistad. Para ello conversa con personas que han emigrado a España desde Marruecos, República Dominicana, Puerto Rico, Argentina, Senegal o Gambia y les pregunta sobre sus amistades. Luego dibuja una flecha que conecta a cada persona con todas las que ella declara que son sus amigas, y de esta manera va emergiendo una red. Su trabajo consiste en descifrar las características de la red para cada uno de los grupos que estudia: en algunos casos emergen unas pocas personas populares que reciben multitud de flechas, mientras que, en otros, son unas cuantas las únicas que conectan dos grupos inconexos. A estas últimas las llama «centrales» y forman nexos entre quienes no se hablan directamente: los del fútbol con los empollones, las chicas con los chicos o los de izquierdas con los de derechas. En algunas redes aparecen grupos que están plagados de flechas en su interior, pero casi desconectados del resto de las personas. Un ejemplo son las cuadrillas de Bilbao. Y resulta que Anxo descubrió, para su sorpresa, que puede inferir con bastante exactitud de qué lugar del mundo viene un grupo de inmigrantes observando solo las características de su red de amistad. Es decir, que por medio del tejido de los vínculos, como la aparición de cuadrillas más o menos grandes, más o menos permeables o cerradas, él puede saber si son marroquíes, dominicanos o argentinos. Es la huella cultural de un país que persiste en la forma de los vínculos, aun cuando ese grupo se traslade a un océano de distancia.

Este mismo ensayo y experimento da cuenta de los inevitables sesgos culturales que se reflejan en la forma de nuestra red de amigos. Seguramente algún matemático japonés pueda identificar, a partir de este texto, la procedencia de sus autores —de qué países venimos y entre cuáles de ellos hemos migrado— y ahondar en los detalles sociales y culturales que los caracterizan. Así pues, pese a que nos propusimos hacer una convocatoria lo más amplia y heterogénea posible, advertimos, cuando leímos la versión final del libro, sesgos en la muestra y en las conversaciones que fueron apareciendo, a nuestro pesar, por la deriva propia que fue tomando el banquete y por la falta de un algoritmo preciso para equilibrar cada una de las variables demográficas. Es una huella de nuestra propia red de amistades y el testimonio de que este ensayo está hecho en un tiempo preciso, con un bagaje cultural concreto y desde una mirada muy particular. El sesgo es inevitable, pero en el momento en el que lo identificamos podemos empezar a actuar sobre él para cambiarlo y explorar, más allá de los prejuicios de nuestro propio entorno, las fronteras de la amistad.

Abrir la nevera sin pedir permiso

Gus es un tipo alto y corpulento, con la cabeza rasurada y una sonrisa persistente que más que una mueca de cortesía parece una forma de estar en el mundo. Viene con su uniforme azul de fisioterapeuta, recién salido de ponerle los músculos en su sitio a un paciente. Es raro verlo sin la camilla a cuestas, que suele llevar sin esfuerzo, como si fuese un maletín, porque, Gus, como Obélix, no tiene medida de su fuerza. Los alaridos de dolor, casi de animal degollado, de aquellos a quienes Gus les arregla una tendinitis han provocado todo tipo de confusiones y a cada rato alguna persona alarmada se acerca tímidamente para comprobar que todo esté bien.

Gus creció en Morteros, un municipio argentino de diecisiete mil habitantes en medio de la nada. Habla con enorme cariño hacia las gentes de su pueblo, de donde emigró ya hace casi un cuarto de siglo y adonde vuelve cada cierto tiempo, siempre con el mismo ritual. Todos esperan el abrazo del oso, un abrazo que Gus inventó de joven para saludar a sus amigos y que, básicamente, consiste en estrujarlos con todas sus fuerzas hasta que les salgan las vísceras por los oídos. A sus cincuenta y seis años, Gus ya no está tan fuerte como cuando tenía veinte; ha perdido mucha masa, nos dice, y su abrazo del oso (afortunadamente para sus amigos) no es lo que era. Pero un par de meses antes de volver a Morteros saca las mancuernas y empieza a entrenar para ganar tono y que la pócima del abrazo, que es lo que lo conecta de inmediato con sus amigos de infancia, no pierda su eficacia. Ese abrazo es parte de la liturgia de la bienvenida, un rito que se siente en el cuerpo (y vaya que sí), con el que recibe a sus amigos y con el que ellos celebran al forzudo del pueblo.

La amistad tiene un lenguaje gestual propio; la manera de tocarse, la familiaridad con el cuerpo del otro y los límites del decoro en el lenguaje físico varían enormemente en cada cultura. Los argentinos se dan besos entre hombres; en Marruecos, los buenos amigos caminan de la mano, y en India, como muestra de afecto, los amigos comparten la misma cama. En los países nórdicos se evita, por lo general, el contacto físico y los hombres y las mujeres no se besan jamás para saludarse, algo que sí hacen los españoles. Cada uno de estos códigos, que se basan en el tacto y no en las palabras, conforman la llave que en cada una de estas culturas abre puertas para la amistad.

Le preguntamos a Gus en qué año llegó a España y nos contesta de inmediato con una precisión que da cuenta de hasta qué punto ese viaje quedó en su memoria: «El 15 de octubre de 1999». En los más de veinte años que lleva en Madrid la mayoría de los amigos que ha hecho son argentinos. Ha encontrado una Argentina dentro de España. Ya lo dice el poeta griego Kavafis: «No hallarás otra tierra ni otro mar. / La ciudad irá en ti siempre».

Le preguntamos por qué piensa que no ha hecho tantos amigos españoles, y nos dice que aquí la amistad no es lo mismo: «Un amigo es alguien que puede entrar en tu casa y sacar lo que haya en la nevera sin preguntar». En cierto modo, lo que Gus está expresando es que siente que en España los códigos sociales imponen una serie de límites y de barreras a las relaciones que hacen imposible el desarrollo de una amistad plena como él la concibe. Una amistad a la argentina.

Peru Urquiaga, un escritor vasco que vivió ocho años en Estados Unidos, recuerda que allí hizo muchos amigos españoles, mexicanos, cubanos o argentinos, pero ni un solo estadounidense: «Los americanos son simpáticos, y está muy bien trabajar con ellos, pero luego te invitan a una cena y te dicen que es de siete a diez; y a mí, la verdad, es que cenar a las siete ya me cuesta, pero que me digan antes de llegar que a las diez me voy a tener que ir, con eso no puedo; encima no te dejan fumar, cocinan fatal, no sé... No me apetece ir adonde ya me dicen a qué hora me tengo que largar». El problema de Peru es parecido al de Gus: siente que los códigos sociales imponen una rigidez y unos límites que son incompatibles con la forma en que concibe la amistad.

Papo Kling lleva más años viviendo en España que en la Argentina que le vio nacer. Aunque siente que Madrid es su ciudad y el lugar al que pertenece, confiesa con cierta tristeza, y algo de vergüenza, que no tiene grandes amigos españoles: «Te voy a decir algo que habla incluso peor de mí. Tengo algunos amigos argentinos realmente impresentables, para hacer un bollo y arrojarlos lo más lejos posible, y sin embargo los reconozco como gente increíblemente cercana. Y después aquí, en Madrid, tengo soles, gente luminosa, hermosa, con una calidez extraordinaria. Pero con ellos me resulta imposible conseguir ese sentimiento inexplicable de la amistad».

A Papo le pasa lo mismo que a casi todos los que acudieron a nuestro banquete: que a medida que se desarrolla la conversación van descubriendo que pensar en voz alta sobre la amistad es un ejercicio desafiante, refrescante, uno que empieza a ordenar columnas vitales de nuestra vida. No es la típica conversación en la que se recita lo que ya se sabe y se repite la historia contada mil veces. Es un espacio genuino de descubrimiento del que nosotros, por ósmosis, fuimos destilando revelaciones. Papo, al expresar con genuina consternación que no entiende por qué tiene los amigos que tiene y no los que quiere, llega a un descubrimiento: «Tampoco sé bien cómo definir qué es un amigo. Quizá es simplemente alguien que te entiende sin que le tengas que explicar demasiadas cosas».

La amistad se cimenta en un ejercicio de mimetización que se construye en el colegio, en el barrio, en el pueblo. En un lugar y un tiempo que definen si hablarse de colega, de *bro*, de boludo o de tronco. No hay manera de explicar cuándo es correcto y cuándo es incorrecto decir «boludo». Hay una conjunción precisa de la entonación, la forma de mirarse, la diferencia de edad, el resto de las personas que estén presentes y un sinfín de parámetros que hace que unas veces esté todo bien y otras todo mal. Este contorno prosódico, gestual y social forma un manto y un lenguaje implícito sobre el que se construye la llave de la amistad. Ni Papo ni Gus tienen que contarles a los argentinos que se encuentran por Lavapiés y Alcorcón esos códigos sociales en los que la amistad sucede y que preceden al lenguaje y a la conversación: los acuerdos implícitos que ponen límites al abrazo, al beso, al contacto físico con los que se da la bienvenida, ni qué decir del libre acceso a la nevera de casa.

A lo largo de todas nuestras conversaciones se va repitiendo una idea que funciona como un núcleo teórico. No hay imperativos ni reglas precisas en la amistad. Siempre hay excepciones, para todo. Así como algunos afirman, con pesar o indiferencia, su incapacidad de hacer amigos en otras patrias plagadas de gente luminosa, pero con otros códigos, otros sí lo han logrado. Estos son los que con esfuerzo, voluntad, aprendizaje o por pura necesidad han gestionado la fricción de los problemas de traducción en el lenguaje de la amistad.

Uno de ellos es Marcos Urwitz, que ve el ensayo de nuevas amistades como uno de los tantos experimentos de la vida. Dice que a veces perdemos la oportunidad de explorar nuevas formas de la amistad porque no la percibimos como el resto de las facetas de la vida; una que se entrena y se aprende. Porque confundimos lo difícil con lo imposible. Marcos sugiere que una manera de ejercitar amistades en culturas muy distintas consiste en buscar un espacio intermedio en el que encontrarse. Por ejemplo, el tango o la salsa ayudan a que dos personas que no hablan el mismo idioma, ni se abrazan de la misma manera, ni comparten las sutilezas gestuales del contacto humano, tengan un espacio reglado para el encuentro. Y ese trampolín precipita y resuelve todo lo que las disonancias del lenguaje impiden. El ejemplo es además pertinente porque establece una metáfora que puede ser útil para pensar la amistad. Es una forma de bailar, de estar y transcurrir sincrónicos en el tiempo, de marchar juntos: «Un día andaba con una amiga en uno de esos asuntos bien difíciles de resolver, de esos que yo pensaba que requieren de la magia de la conversación, y ella me dijo, como si fuese lo más natural del mundo, "esto tenemos que bailarlo seriamente"».

La propuesta de identificar esos espacios intermedios entre culturas —como el baile— está inspirada en el concepto de «zona proximal», que acuñó el pedagogo ruso Lev Vygotski y que establece que conviene enseñar a un niño cosas que están próximas a lo que ya conoce. Si se estira demasiado la cuerda, enseñando, por ejemplo, raíces cuadradas a quien apenas ha aprendido a sumar, el aprendizaje no cuaja, genera frustración y con ella una mirada pesimista respecto de su propia capacidad de aprender. Nosotros presentamos aquí la idea de los *espacios proximales de la amistad*, el juego, el baile, el deporte, que funcionan de acuerdo con la premisa de Vygotski. Son estos espacios los que nos permiten extendernos de manera progresiva hacia nuevas formas de la amistad, los que requieren de nosotros un esfuerzo moderado, los que están a nuestro alcance.

Marcos nos da un ejemplo de cómo transitar estos espacios proximales que permiten que personas de culturas muy distintas se encuentren en una matriz que predispone a la amistad. Hace ya unos treinta años salió con dos amigos de Hong Kong y fueron marchando por el sur de China hasta llegar al Tíbet. Su mayor anhelo, más que estar frente a una postal, era conocer a la gente de cada lugar. No tenía tiempo de aprender cantonés o mandarín al nivel que permite mantener una conversación, pero, a falta de un idioma, encontró una manera alternativa de comunicarse: el xiangqi, un juego similar al ajedrez, con elefantes que sustituyen a los alfiles, un río que atraviesa el centro del tablero y un rey que vive en un cubículo resguardado por unos ministros, sin poder mirar, cara a cara, al rey enemigo. Como en la vida, estas pequeñas variaciones de reglas hacen que el juego sea impracticable para el que no maneja estos detalles con fluidez.

Lo primero que hacía Marcos cada vez que llegaba a un pueblo era buscar alguna plaza: «Siempre se repetía el mismo ritual. Me acercaba a verlos jugar, me miraban con intriga; a fin de cuentas, yo era joven y occidental y viajaba tal como había salido de Tokio, con el pelo teñido de rubio platinado, como Sanji, el personaje de manga. Definitivamente no tenía pinta de jugador de xiangqi. Pero el tiempo pasaba y yo seguía ahí, observando con interés cómo jugaban; se iba formando una complicidad y en algún momento, entre risas y gestos, sin pronunciar una sola palabra, me invitaban al tablero».

Durante el viaje, Marcos se quedó varios días en Kunming, durante los cuales, cada mañana, llegaba a la misma plaza y jugaba con las mismas personas: «Con una de ellas, Jun, enseguida hubo *química*. Se mataba de risa cada vez que yo hacía una jugada mala y hacía unas muecas exageradas de pánico cuando le amenazaba con comerle alguna pieza. Nos despedíamos con un buen abrazo, que sosteníamos apenas un segundo más de lo que marca el protocolo, lo suficiente para decirnos el uno al otro que nos habíamos tomado cariño». Los primeros días, Jun le daba una paliza, pero con el tiempo Marcos empezó a ganar más y más partidas y la contienda se hizo reñida: «Me sentí muy orgulloso. Había aprendido el juego hacía pocos meses y ya estaba mano a mano con maestros que llevaban una vida jugando». Marcos no recuerda exactamente cómo lo descubrió, pero un día, después de ganar una partida, entendió de pronto que Jun le había dejado ganar, no solo esa partida sino también todas las anteriores, y que lo había hecho con suma fineza para que él no se percatara. Sin haber intercambiado una sola palabra, Jun se había convertido en un buen amigo, de esos que nos dan aventones, que nos inventan fábulas, de los que aprendemos, que hasta nos traicionan con cariño y se preocupan por que disfrutemos.

C. S. Lewis elabora la noción de «la matriz» como un territorio de intereses compartidos que establece un punto de partida para la amistad. Nosotros tomamos prestada esta idea y la llevamos al espacio de los códigos, que también forman un tejido que permite que la amistad surja. Vamos incorporando esos códigos sin que nadie nos los explique, en la calle, en el patio del colegio, en la experiencia misma de la infancia. Son los que le dicen a Gus que si entra en la casa de un amigo puede abrir la nevera sin pedir permiso, o que puede abrazarlo hasta estrujarlo. Cuando cruzamos todo un océano, las reglas cambian. Peru se desespera porque le ponen horario de cierre a una cena. Aunque a veces nos parezca imposible, se puede, con esfuerzo, superar cada una de estas barreras. Como el salto a las pautas de la nueva cultura puede resultar demasiado lejano, conviene identificar actividades propias de la amistad cuya lógica nos sea familiar, como un determinado baile o un juego particular, que solo requieren un pequeño esfuerzo por nuestra parte para poder participar de ellas. Es el caso del juego que Marcos aprende y que le permite encontrar en el lugar más improbable de China el hueco por el cual abrir el canal de la amistad.

2

Flechazos y rupturas

La apertura del canal

Félix Moreno de la Cova, un alcalde franquista de Sevilla, le dijo un día a un empleado doméstico que cogiera papel y lápiz porque le iba a dictar «una lista de personas que me caen mal y no sé por qué… Póngase usted el primero», espetó cruelmente al pobre encargado de hacer aquella lista. Como experimento mental, resulta tanto o más interesante hacer exactamente lo contrario a lo que hizo este alcalde: una lista de personas que nos caen bien sin que sepamos por qué. Encontraremos con cierto asombro que simpatizamos con muchas con las que jamás hemos hablado y de las que no sabemos casi nada. Por esas personas, decía Emerson, sentimos «una cálida alegría de estar con ellas», y agregaba: «Leed el lenguaje de la luz errante de sus ojos. El corazón lo sabe».

Juan Arena, el mayor de todos los invitados a nuestro banquete, nos habló de ese sentimiento tan inexplicable como inconfundible: «Es muy misterioso aquello que nos hace ser amigos, algo que pertenece a la química del carbono. Nos pasa con el amor: de repente te atrae alguien y no sabes muy bien por qué te atrae, y eso después se convierte en una especie de sinapsis social en donde tus ondas se ponen en resonancia con las de la persona de enfrente».

La literatura, la pintura y el cine se han encargado de construir esa noción idealizada —quizá perniciosa— del flechazo con el que nos gusta creer que nacen tanto el amor como la amistad; sentimientos que con un cruce de miradas hacen una aparición mágica, como una manifestación del destino que en un instante une a dos personas. Pero quizá sea más exacto ese viejo refrán español que dice que «el roce hace el cariño». Y es que suele ser en ese roce prolongado en el que aquellos que nos pasaron inadvertidos al principio, o que incluso nos cayeron mal, van mostrándonos atributos que no son evidentes a primera vista, como inteligencia, bondad o sentido del humor, y terminan cayéndonos bien.

El factor que hace que dos personas «sientan química» en el origen de una amistad no está tanto en la palabra como en el tacto, a través del cual se constituyen los códigos que establecen los prerrequisitos sobre la amistad. Aun en la enorme diversidad cultural e individual suele haber ciertas reglas bastante frecuentes. ¿Qué partes del cuerpo permites que te toque un amigo? ¿Y una amiga, una pareja, un desconocido? El vientre y los genitales suelen ser zonas prohibidas al contacto en la amistad. En la pareja estas reglas también se rigen por todo tipo de caprichos, fluctuaciones y circunstancias. En medio del fulgor sexual hay quienes lamen los genitales o el ano de su pareja con gran avidez, enterrando la lengua en la profundidad de cuanta cavidad encuentre. Un segundo después del orgasmo, como si hubiese cambiado completamente la luz del decorado en el universo del tacto, no se puede ni siquiera imaginar la misma escena sin sentir una profunda repulsión.

El olfato también desempeña su papel. La gran mayoría de la gente, al presentarse a otra persona estrechando la mano, se la lleva después a la cara y pinza con sus dedos la nariz repetidas veces. Este gesto es muy rápido e inconsciente, hasta el punto de que casi nadie tiene registro de él; además, la mayoría niega rotundamente haberlo hecho. Pero la evidencia es contundente: en cuanto la cámara apunta a dos personas que se dan la mano, la probabilidad de que cada una de ellas se lleve luego la mano a la nariz por una pequeña fracción de segundo es altísima. Este gesto no es nimio; por el contrario, en ese instante se dirime justamente lo inexplicable de la química del carbono. Es una forma de escanear el código de barras ajeno, una radiografía molecular que establece una carta de presentación que condiciona sus vínculos. Así se explica que la comparación del genoma de dos compañeros de clase revele más similitudes si son amigos que si no lo son. Al revés que con las feromonas y las parejas, la química de la amistad no busca complementariedad, sino similitud genética.

Más allá de sus fundamentos científicos, lo cierto es que entre ese sentimiento de atracción inicial que expresamos de muchas maneras —como *tener química* o *caerse bien*— y el comienzo de una amistad hay un salto enorme que muchas veces jamás se llega a dar. Chicho nos ilustró con candor la historia de ese salto cuando vino a vernos a la nave en su moto de gran cilindrada. Es un tipo delgado y fibroso, con melena corta, barba de dos días, y lleva una chaqueta vaquera. En la ingle, bajo el pantalón, esconde una pistola. No lleva uniforme, pero es policía nacional.

Nos dice que cuando le ha tocado patrullar es frecuente recibir esta llamada: «Reyerta entre varias personas en un local de ocio». Allí acuden él y su compañero sin saber si llegarán con la batalla terminada o en pleno fragor, si serán cuatro o dieciséis, si habrá alguien armado. Ambos se cubren la espalda, pasan horas y horas mano a mano, visten igual, corren los mismos peligros, y en esa convivencia suele surgir el sentimiento de camaradería. «Camarada» es una palabra de origen español que pronto saltó al inglés (*comrade*) y al francés (*camarade*), derivada de «cámara», en su acepción de dormitorio. Se refiere a personas que conviven, sin haberse elegido, bajo un mismo techo, como los soldados en un barracón.

Hace unos años a Chicho le asignaron un nuevo compañero, Luis, un policía recién llegado de Gijón a Madrid. A Chicho, Luis le cayó bien de inmediato y sintió esa conexión automática de «la química del carbono»: «Pero al terminar cada jornada Luis se iba, sin decir nada, a su casa. Pensé que no le había caído bien o que prefería irse a descansar sin saber nada de su compañero. Hasta que al mes por fin me invitó a tomar una cerveza». La salida estuvo a la altura de la expectativa, recorrieron la zona de bares de Ponzano y Luis; como buen asturiano, «tenía el poteo en la sangre». Su amistad adquiere entidad en un momento preciso, de valentía, en el que uno se lanza y declara al otro el deseo de ser amigos. En ese momento se abre el canal y la relación entre ambos puede por fin pasar al plano de la amistad. Antes de que esto suceda, la amistad flota en un limbo, es más un deseo que una realidad.

Es raro que alguien piense que es hijo o hermano de quien no es. También lo es que alguien piense que es la pareja de otro sin que esto sea recíproco, aunque de eso ya hay algún caso. Pero es en la amistad, más que en otros vínculos, donde se confunde el deseo y su realización. Anxo Sánchez, que en sus investigaciones también observa cómo los lazos de amistad se van formando y rompiendo en los años del instituto, nos cuenta que por cada diez amigos que alguien declara tener, cuatro de ellos no corresponden esa declaración. Una mirada más cuidadosa revela que algunas personas calibran bastante bien sus amistades y otras, en cambio, padecen un extraño tipo de ceguera, y solo un veinte por ciento de los amigos que declaran tener muestran reciprocidad. Es decir, que hay muchísimos casos en los que la amistad se confunde con el deseo de amistad. Esto ocurre con más frecuencia durante la infancia. Por eso los niños, al principio, declaran en masa que son amigos del popular de la clase. Los datos que miden la evolución de amistades en el colegio muestran que hay chicos o chicas que reciben cincuenta amistades y que apenas devuelven tres o cuatro.

La amistad requiere tiempo y pruebas para consolidarse tras ese estado líquido en el que solo hay un caerse bien. En *Ética a Eudemo*, Aristóteles dice: «Tampoco hay amistad sin tiempo, porque sin él solo se tiene el deseo de ser amigos; simple disposición que se toma la mayoría de las veces, sin pensar en ello, por la verdadera amistad. Porque basta que estén dispuestos a hacerse amigos, prestándose ya los mutuos servicios que exige la amistad, para pensar que no tienen solamente el derecho de ser amigos, sino que lo son efectivamente; pero con la amistad sucede lo que en todas las demás cosas; uno no está sano solo por querer estar sano, y no basta tampoco querer ser amigos para serlo realmente».

Las pruebas de la amistad a las que se refiere Aristóteles son, por ejemplo, la primera conversación sobre algo traumático, la primera vez que una amiga le cuenta a otra de su amante o la primera vez que uno se desnuda delante del otro. Con algo de intrepidez y osadía para ir rompiendo el hielo, se van abriendo progresivamente nuevos canales en una amistad que completan el viaje desde el deseo hasta la realidad. En ocasiones esto sucede de forma inesperada, como ocurrió en una de las sesiones más concurridas de nuestro banquete, cuando uno de los comensales, mientras otro hablaba, se tiró un sonoro pedo. Las reacciones fueron previsibles: carcajadas, enfado de quien tenía la palabra, sorpresa, asco. Pero del otro lado de ese atrevimiento había un pacto de confianza, la sensación de haber pasado ya juntos por ese lugar inmundo y escatológico que hacía posibles otras formas y otros lugares de la conversación.

Tirarse un pedo delante de un amigo y reírse de ello puede parecer una cosa propia de la infancia que ya entre adultos se vuelve un gesto inmaduro de muy mal gusto. Los protocolos sociales sancionan como falta muy grave hacer una exhibición sonora de las flatulencias. Nadie osaría tirarse un pedo en una reunión de trabajo o hacerlo al comienzo de una relación amorosa. Pero lo cierto es que el pedo, y lo que tiene que ver con él, la caca, el pis y demás excreciones del cuerpo humano, son una realidad insoslayable a la que nos enfrentamos cada día de nuestra vida. No poder hablar de algo que nos pasa cada día es una convención cultural tan arbitraria como las propias carcajadas que nos causa el pedo de un amigo. Nadie se ríe de respirar, ni de las uñas, ni de la cera del oído, pero el pedo, cuando irrumpe con su sonoridad rotunda, produce inevitablemente reacciones agitadas, de carcajadas, de furia, de asco o, a veces, una buena mezcla de todas ellas.

Uñas, cera, respiración, pedos, tos, estornudos, legañas, nos hagan gracia o nos den asco, son parte de nosotros, de las vicisitudes físicas del continente que sujeta nuestra persona, y en esa fisicidad hay indicadores de enfermedad: un bulto que sale bajo la piel, un excremento con sangre, una verruga en un sitio oculto. Hay quienes se salvan por poder hablar de estas cosas con sus amigos porque, al hablarlas, reciben la información o la advertencia que lleva a una cura. La prueba más contundente de que conviene superar el tabú aparece en la clínica de las enfermedades sexuales y genitales, para las que hay una amplia evidencia que muestra que el sentimiento de vergüenza y el miedo a la conversación son un factor primordial de riesgo. La conversación libre y sin tapujos entre amigos sobre nuestros asuntos viscerales ayuda a mitigarlo.

Quien no rompe jamás la esfera de dignidad y civismo, y no se presenta ante los amigos al desnudo con toda su miseria física, no solo corre el riesgo de ignorar las señales que da su propio cuerpo, sino que pierde el placer de reírse de sí mismo con ellos. Reírse de la inevitable decadencia de nuestro cuerpo con los que nos acompañan por el camino puede ser un gran consuelo, además de un remedio. Quizá los niños de limpia mirada no se equivocan en su fascinación por estos temas del cuerpo que tanto censuramos. Así lo vieron muchos de los más grandes literatos de todos los tiempos que han escrito sin remilgos sobre ello y que nos han dejado grandes páginas honrando y riéndose de la condición humana con estos temas, desde el griego Aristófanes en su comedia *Las nubes*, pasando por nuestro Quevedo con sus *Gracias y desgracias del ojo del culo*, el gran Rabelais en su *Gargantúa y Pantagruel* o Benjamin Franklin con su *Fart Proudly*, hasta llegar al siglo XX con Samuel Beckett en su trilogía de *Molloy* o Jean Genet en su *Diario de un ladrón*.

Como en toda esta abundante literatura, lo escatológico también apareció con frecuencia en nuestras conversaciones. Quizá porque es el ejemplo más canónico de lo que chirría, avergüenza y nos invita a guardarlo en el cajón de los tabús, y esto pone a prueba un asunto mucho más general y propio de la amistad: atreverse a perder la vergüenza, incluso a veces hasta la dignidad, para ir ampliando progresivamente el espacio compartido. Poder confesar nuestras miserias, nuestros lugares más oscuros, las cosas de las que más dudamos, las que nos dan tanto miedo que no podemos ni nombrarlas. Para esto son necesarios los amigos, para hablar de aquello que no podemos hablar con nadie más.

Cuando Luis abrió con Chicho el canal de la amistad, estaba tendiendo una fina cuerda entre uno y otro, una cuerda que es aún frágil y que no admite muchos tirones. Es el más ligero de los vínculos, pero el que más nos cuesta tender: para muchos requiere sentido de la oportunidad y arrojo. Después es el tiempo el que permite ir trenzando esa cuerda con otras, hasta convertirla en una soga gruesa que lo aguanta casi todo.

Miopías en el sexto sentido

Los roedores, como los perros, los monos y las ardillas, llevan el terreno de lo escatológico mucho más allá. Suelen hundir sus narices en los genitales para hacer un escrutinio químico y decodificar en ese mapa de olores, como si se tratase de un código de barras, todo tipo de información que les permite decidir con quién juegan, con quién se pelean o con quién se aparean. Lewis Thomas, una eminencia científica, fanático de la etimología y de la buena literatura, descubrió junto al japonés Kunio Yamazaki una regla extraordinariamente simple que establece que los olores preferidos de los ratones, o de casi cualquier otro mamífero, son los de aquellos que tienen genes más distintos a los suyos, especialmente los que codifican los antígenos. Es decir, que una buena parte del glamour de las preferencias olfativas consiste en descubrir una pareja que sea lo más complementaria posible en su repertorio inmunológico.

Tiempo después, el biólogo suizo Claus Wedekind mostró que esta regla también se aplica a los humanos, que los olores de la gente que suele resultarnos más atractiva siguen el mismo principio que había encontrado Thomas. Y toda esta literatura científica salió a la arena pública cuando a un visionario se le ocurrió hacer «fiestas de feromonas» en las que cada participante olfatea la ropa usada que el resto de los invitados cuelga en un perchero. Solo por medio de su olfato, sin ver y sin oír, eligen sus preferidas, y cuando hay reciprocidad, el organizador de la fiesta propicia el encuentro. Es como Tinder, solo que, en vez de elegir por la vista, se elige por el olfato. En estas fiestas las relaciones se median por la pura química del carbono, por la intuición inconsciente mediada por el olfato, el mismo que reconocemos en la evocación indescriptible de las sábanas en las que ha dormido la persona amada. Este esbozo de información rudimentaria del más impreciso de nuestros sentidos nos puede acercar a personas por las que sentimos «química». Otras veces, sin embargo, se produce un fracaso estrepitoso. Descubrimos que nuestro olfato nos ha engañado, que nuestra intuición nos llevó al encuentro equivocado. Esta es la caricatura de un descalabro bastante frecuente en la amistad. Cuando descubrimos que el que nos cayó tan bien, el que pasó la prueba ineludible de nuestra intuición, tenía escondido en el armario de su casa un cajón con reliquias nazis. O sin necesidad de ir tan lejos, algún pliegue oscuro del ser en el que de repente vislumbramos algo que somos incapaces de ignorar y que hace que nuestra amistad sea imposible.

Toni Reus nos contó un desencuentro de esta índole: «Me divorcio, me independizo, dejo a los niños en la casa de mi ex, y justo en ese preciso fin de semana en el que quedo libre y soltero por primera vez en veinte años… ¡bum!, estalla el covid y cae un confinamiento». Tiempo después concertó una cita mediante una aplicación, que era la única vía para encontrarse con alguien en aquellos tiempos de distancias sociales, mascarillas, bares cerrados y prohibición de festejar. «Me daba un pavor terrible y me apunté a una aplicación que no era tanto de folleteo, y ahí interactué con una tía que se llamaba Angie. Me molaba el nombre por la canción de los Rolling». Angie es en este caso el flechazo, la intuición que convoca al deseo y proyecta una fantasía que difícilmente esté a la altura de la realidad. «En Madrid hacía como 54 grados y yo fui como un estúpido con pantalón largo y zapatitos, todo guapo con camisa. Todo el mundo estaba en pantalón corto y chanclas y se veía a leguas que yo era el de la cita de Tinder. Pillé una mesa en la plaza de Comendadoras y vi a una chica que se iba acercando. Era menos guapa que en las fotos, pero, bueno, eso me daba absolutamente igual. Llegó hasta nuestra mesa de la terraza y nos dimos dos besos. Me acuerdo perfectamente de que se sentó, cruzó las piernas y de repente caí en sus zapatos, que eran los zapatos más feos que he visto en mi vida. Unas sandalias como romanas, con un lazo encima del tobillo, con plataforma blanca. A mí, que trabajo en la industria del plástico, me empezaron a sudar las plantas de solo imaginarme mis pies en contacto con esa poliamida terrible. Y ni modo, o sea, ya desconexión total y absoluta». Luego, en las sucesivas citas que tuvo, que no fueron muchas porque tiempo después conoció a la que hoy es su compañera de vida, descubrió que la aplicación no solo no le daba información sobre los zapatos, sino que tampoco decía nada del registro de voz ni de la sonrisa. Y le daba pavor quedar y encontrarse con una voz de pito o una risa horrible. Para resolverlo, intercambiaba algún mensaje de voz con el que filtraba algún encuentro que tan solo hubiese funcionado en la idealización de las palabras escritas. Nunca se atrevió a pedir una foto de los zapatos con los que irían a la cita.

Todas las relaciones están construidas sobre un manto de opacidad; hay cosas que no vemos y otras que preferimos no ver. Un amigo que nos pidió no ser citado nos habló de un conocido suyo de la adolescencia con quien solía tener conversaciones intensas sobre literatura y arte hasta el amanecer; se intercambiaban libros que, a esa edad, y antes de internet, eran difíciles de descubrir, de autores como George Bataille, Maurice Blanchot o Antonin Artaud; hablaban de poesía maldita, compartieron escritos, se drogaron juntos y, en fin, pusieron las bases de lo que podría haber devenido en una gran amistad entre dos personas que se admiran mutuamente, que comparten inquietudes, que se descubren la una a la otra universos literarios y que son capaces de estimularse creativamente.

Este conocido de nuestro amigo tuvo un hijo y su vida dio un giro súbito que lo obligó a ponerse a trabajar muy duro y dejar de salir. Con los años se convirtió en un ejecutivo de enorme éxito, se mudó a una mansión en Londres, tuvo más hijos con la misma novia y ganó mucho dinero haciendo algo que poco tenía que ver con sus viejas inclinaciones intelectuales. Nuestro amigo sintió enorme curiosidad por volver a conectar y quizá retomar ese proyecto de amistad que no terminó de ser por circunstancias de la vida, pero que él sentía totalmente destinado a ser.

Al fin, un día fue a Londres a visitar a su viejo conocido. Este se encontraba de viaje y le dijo que no llegaría hasta tarde, que quizá estaría cansado y si acaso le quedarían fuerzas para tomar una copa después de cenar; también le dijo que, si quería, podía quedar con su mujer (también conocida suya de hacía muchos años) y ya se juntarían después. Eso fue exactamente lo que nuestro amigo hizo: quedó con la mujer de su conocido, que le llevó a un bar divertido donde hablaron de los años locos del pasado, de la enorme transformación de sus vidas. Después de tomar un par de copas, fueron a la mansión y a ella se le ocurrió invitarle a una raya mientras esperaban a su marido. Él aceptó la invitación y pronto la cosa empezó a animarse, se tomaron una botella de vino, el marido llegó y se los encontró muertos de risa. Él lo abrazó, todo fue cordial y cariñoso; dijo que se iba a duchar y que se uniría a ellos, que abrieran otra botella. Entonces volvió en albornoz y, después de tres vinos, que se tomó casi seguidos, empezó a insultar a su mujer de manera inmensamente cruel: «Tienes la vagina cedida después de los partos, eres una inútil que no trabaja, estás vieja y fea», después de lo cual enumeró una tras otra sus infidelidades. Ella se echó a llorar y nuestro amigo empezó a mediar pidiéndole al otro que parara; asombrado y muy incómodo, aquel hombre le resultó absolutamente irreconocible. Al final decidió que lo mejor era irse para dejar de presenciar ese espectáculo.

Al día siguiente, con la resaca, llamó algo preocupado a aquella mujer para saber cómo estaba. Ella le contó que todo había sido más horrible de lo que pensaba: su marido, al verlos riéndose y bebiendo un vino, fue al dormitorio y cogió unas tijeras con las que le cortó y destruyó todos sus vestidos preferidos. Nuestro amigo de repente comprendió que aquel tipo triunfador e intelectualmente brillante al que había admirado todos estos años y con el que quería retomar la relación era un maltratador cruel y criminal. Se ofreció a denunciarlo, pero ella prefirió no hacerlo. Le dijo entonces que, si alguna vez quería denunciarlo, él estaría dispuesto a apoyarla. Ella nunca lo hizo, y aún hoy nuestro amigo se pregunta si no debió hacerlo a pesar de todo. Muchas certezas se le derrumbaron en ese momento, entre ellas la de que la cultura y la sofisticación intelectual previenen a alguien de ser un repugnante maltratador; otra es la de pensar que conoces a alguien porque compartes los mismos gustos y afinidades. Aprendió a desconfiar de la química del carbono.

Hay personas que esconden muy bien su luz o su sombra, tanto que resulta invisible a nuestra intuición —aquello que llamamos sexto sentido—, y el exceso de confianza en este poder para discernir y seleccionar a aquellos con los que vamos a emprender el cortejo de la amistad, o bien a descartarlos, nos puede llevar a errores de cálculo colosales, a juntarnos con personas indeseables o a perdernos a quienes hubiéramos querido conocer.

El baño del Revólver

Marta Peirano, nuestra experta en tecnología, redes y videojuegos, nos regaló los conceptos de sincronía y fricción con los que abrimos este libro. Esos eran los temas que nosotros esperábamos de ella, pero, en cuanto encendemos los micrófonos, Marta habla sin parar sobre su introversión y el *locus amoenus* de su adolescencia: el baño de la sala Revólver, un garito de culto en la calle Galileo de Madrid donde tocaron los mejores grupos de los noventa. Son los temas que la vinculan con su experiencia personal de la amistad más que con su acercamiento teórico.

Nos pregunta si en los baños de chicos ocurre eso que ha pasado siempre en los de las chicas: que se hacen amigas. Que una va a hacer lo que tenga que hacer y lo más habitual es acabar hablando con alguien que está allí, pedirle u ofrecerle la barra de labios, comentarle algo del vestido, decirle que sus zapatos son bonitos. Y ahí se forjan amistades bellas. Marta era gótica y frecuentaba el Revólver: «Su baño estaba lleno de chicas preciosas que olían superbién; tenía una encimera muy larga en la que nos sentábamos a hablar durante horas y horas mientras se oía la música. Es de los mejores recuerdos que tengo de mi adolescencia».

Parece que no está sola en ese refugio para peregrinas de la noche. La artista Anastasia Bengoechea, más conocida como Monstruo Espagueti, publicó en redes una foto de una pintada suya que decía: «A todas las chicas que he conocido ciega en un baño de discoteca: espero que estéis bien. Os echo de menos. A TODAS». Y, en medio de la pandemia, aquella foto se hizo viral, poniendo de relieve una red de amigas que nunca se habían vuelto a ver, pero que extrañaban aquel espacio que predisponía a esos encuentros amigables con extrañas: «Todas hemos tenido esas amistades inolvidables. No con un tío que te tira los tejos en la pista, sino con una chica maravillosa que te encuentras en el baño y que al final te deja atascada ahí en una conversación fascinante y bellísima que te llevas para siempre».

Algunos de nuestros invitados al banquete descreen de las amistades efímeras y se resisten a otorgar ese término a los vínculos instantáneos con desconocidos que el azar nos sirve en cuartos de baño, paradas de autobús o aviones. Otras, como Laura Riñón, no tienen ningún problema en incluir a estos extraños que nos caen bien en alguna categoría de la amistad. Laura es librera y escritora, pero fue azafata durante muchos años; nos contó que ha vivido amistades que solo suceden a diez mil metros de altura y se desvanecen completamente en cuanto el avión toca tierra. Su íntima amiga, la periodista Marta Fernández, que se presenta como «lectora y posible escritora», con su perfecta voz radiofónica, la sigue *en tierra* evocando la conexión que a veces se tiene con un taxista en la noche al que le cuentas tu pena y al que seguramente nunca volverás a ver. Se pregunta si el taxista escucha y, de ser así, si lo hace porque está obligado a hacerlo o si acaso porque encuentra compañía en esa historia que le estás contando. Se pregunta, en cierta medida, si en ese breve momento en que una persona le habla a la espalda de otra que está conduciendo, aparece la sincronía afectiva de la amistad. Marta piensa un rato y continúa: «Pero también creo que estas amistades efímeras son...», Laura completa la frase: «... espejismos supersónicos», y Marta sintetiza: «Bonitas, pero supersónicas». En el escrutinio de las transcripciones de las charlas que tuvimos aparecen momentos particularmente bellos que apenas duran un segundo en el que el intercambio de palabras se sincroniza y emerge una idea en pleno centro de ese baile improvisado. En un gesto efímero que declama aquello mismo sobre lo que están hablando, Marta y Laura esbozan un concepto para dar nombre a la posibilidad efímera de la amistad: un *espejismo supersónico*. Bonito, pero supersónico.

En las grandes ciudades en las que convivimos cordialmente con millones de extraños a los que jamás volvemos a ver, no es aventurado suponer que entre la relación de mero civismo, que ordena la convivencia de personas en un espacio público, y la amistad existen estados intermedios para los que quizá no tengamos nombres. El gran poeta francés de la primera mitad del siglo XIX, Charles Baudelaire, que empezó a cantar estos fenómenos propios de la urbe moderna, trata este tipo de enamoramientos fugaces en un poema de su libro *Las flores del mal* que titula «A una transeúnte». En él se dirige a una mujer desconocida que se topa por la calle y con la que solo cruza una mirada. Los últimos versos dicen así:

> *¿Salvo en la eternidad, no he de verte jamás?*
> *¡En todo caso lejos, ya tarde, tal vez nunca!*
> *Que no sé adónde huiste, ni sospechas mi ruta,*
> *¡Tú a quien hubiese amado! ¡Oh tú, que lo supiste!*

La compañera del baño de la discoteca, el compañero en la cabina del avión, el taxista quizá, no solo son capaces de prestar un oído sin juicio y un espacio de confianza que se cultiva en el desconocimiento mutuo, sino que a menudo emerge en ellos ese gesto no verbal que es tan esencial a la amistad. Te puedes dar la mano o mirarte de una manera donde le dices al otro: «Yo estoy aquí y ahora para ti», en plena presencia, respirando el mismo aire. Y en ese encuentro, que ocurre solo cada tanto, en alguna de las muchas veces que se conversa en un baño o en un bus, se forja durante unos minutos un vínculo que tiene el tono y el sentido de la amistad. Solo unos minutos, porque sabemos, en el momento mismo en que sucede, que no va a durar. Pero es que lo efímero no es solo una circunstancia, sino también una virtud distintiva de una forma muy peculiar de la amistad: la de la liviandad que permite contarle cualquier cosa al desconocido con el que conectamos, porque no hay día después y porque no existe la posibilidad de decepcionar a una persona que no tiene formadas expectativas acerca de nosotros. La persona que te habilita espontáneamente un vertedero emocional en la esquina de un bar. Esa conversación ensordecida por la música, casi sin verse, sin saber de dónde venimos ni adónde vamos, nos permite contar cosas que no le contaríamos a nuestra pareja, a nuestros padres, a nuestros hermanos, ni siquiera a los amigos de toda la vida.

A veces la amistad aparece como el rayo, de repente, iluminándolo todo y en todas sus facetas, no solo la de la escucha liviana. Un viernes por la tarde, Marcos Urwitz fue a Barajas para tomar un avión con rumbo a México. Llegó con tiempo y sin equipaje, y cruzó algo distraído cuando un taxista que venía con prisa atravesó sin atisbo de detenerse el paso de peatones. El taxista ni siquiera atinó a pedir disculpas y, tras el sobresalto, Marcos se dirigió lleno de cólera hacia el taxi. Un maletero senegalés lo agarró del brazo con firmeza y le dijo: «Déjalo, para qué te vas a meter en líos. Ve tranquilo a tu viaje, a lo tuyo, que este igual no aprenderá nada». La mano que agarraba su brazo, al principio para frenarlo, se fue volviendo más blanda y el senegalés acompañó la frase con una risa que transmitía, por si lo otro no hubiese sido suficiente, toda la calma del mundo. Entonces Marcos se vio a través de los ojos del otro y comprendió que ir a pegarse con el taxista era lo que menos deseaba. Alabó al hombre que de la nada había resuelto su conflicto y le agradeció no supo cuántas veces que hubiera intervenido. El senegalés, que ya se aburría de tanto elogio, le dio un buen abrazo y le dijo: «Para eso están los amigos». Quizá convenga liberarse, entre tantos otros prejuicios, del que supone que las amistades son para siempre, o al menos de añadas, y estar dispuestos a aceptar y disfrutar amistades efímeras. Cada tanto aparecen sin aviso, como un *espejismo supersónico*, para salvarnos o simplemente para darnos una mano o un abrazo, en los sitios más insólitos, en la calle, en un avión o en el baño del Revólver.

Portazos o desvanecimientos

A Juan Arena la vida le ha dado tiempo para ser muchas cosas y para dejar de serlas. Estudió ingeniería, administración de empresas y psicología, fue activista de la teología de la liberación en un barrio obrero de Madrid, llegó a ser presidente de un gran banco español y, tras dejar la banca, fue profesor nada menos que en Harvard. Acude al banquete muy abrigado para el mes de mayo, con un elegante sombrero borsalino que cubre su calva; se sienta en la silla, algo rígido, tras una operación de espalda; tiene gesto grave y una mirada penetrante, y elabora sus ideas con una claridad que observamos en pocos de los que han pasado por aquí.

Juan cree que las amistades adquieren profundidad durante un tiempo, que se agota en cuanto uno cierra una etapa de su vida y entra en otra. Describe esos ciclos de la amistad con un término enológico: «He tenido que evolucionar mucho y eso me ha llevado a tener distintas añadas, la del colegio, la de la carrera y así hasta el presente. Hay como una especie de mandamiento con la amistad; te enseñan que has de ser leal por siempre, pero la realidad es que los amigos te acompañan solo durante una época de tu vida. Como barcos que sueltan amarras y se alejan de su puerto, de la misma manera que un día arribaron». Emerson elige una imagen botánica para expresar la misma idea: «¿No será que el alma produce amigos de la misma manera que el árbol produce hojas, para después, mediante la germinación de nuevos brotes, deshacerse de la hoja vieja?».

El final de la amistad es un tema fundamental para la editora Eva Serrano, una imponente mujer de sesenta y pocos años, ávida conversadora con más dudas que convicciones, que habló holgadamente en el primer día de nuestro encierro en la nave, cuando aún escuchábamos livianos, con la mochila vacía de conceptos. «La amistad es una forma de amor, seguramente más pura incluso que el amor», nos dice, y tanto es así que es probable que la palabra amigo tenga en su raíz etimológica el verbo amar. Eva piensa que, así como el duelo se aplica a la muerte y el desamor a la ruptura amorosa, el fin de la amistad debería también tener su propio nombre. Este sentimiento no solo no tiene una palabra que lo designe, sino que además está casi ausente de la literatura, la música o el cine. En las fábulas y narraciones modernas abundan los duelos por muertes trágicas y los desamores románticos, pero el final de la amistad solo aparece en escena cuando es fruto de una traición. En este caso, además, el énfasis no suele estar tanto en el duelo por la pérdida del amigo como en el deseo y la ejecución de una gran venganza.

C. S. Lewis ya indicaba, más en general, que no hay obras contemporáneas que canten y celebren el amor de los amigos con tanto ahínco como lo hicieron los clásicos en las historias de Pílades y Orestes, David y Jonatán o Rolan y Oliver, y sin embargo no dejan de reescribirse pasiones amorosas inspiradas en las de Romeo y Julieta o Tristán e Isolda. Para él, esta pérdida de interés en la amistad es una herencia negativa del Romanticismo, que nos trajo una «dramaturgia llorona [...] y la exaltación del sentimiento; y en su estela todo ese revoltijo de emociones que [...] ha perdurado desde entonces. [El amor de la amistad] no tenía sonrisas llenas de lágrimas, ni prendas de amor, ni el suficiente lenguaje infantil para complacer a los sentimentales».

Son solo las rupturas estruendosas las que adquieren el suficiente peso como para ser admitidas en el cine o la literatura, o en nuestra memoria —una aventura sexual de un amigo con nuestra pareja, un acto de mala fe en un negocio compartido—. Obnubilados por estos eventos tan dramáticos como esporádicos, olvidamos cómo y cuándo se acabaron la inmensa mayoría de las amistades que hemos perdido. Lo más común es que el vínculo se marchite lentamente, casi sin que nos demos cuenta, hasta que llega un día en que el deseo de volverse a ver no se concreta, la conversación se hace cada vez más superficial y esporádica, otras personas se van haciendo más prioritarias, el silencio crece como la maleza que borra un camino en el campo y, al final, volver a pisar el pasto para reabrir el sendero que unía a los amigos se hace tedioso, la amistad se apaga inadvertidamente y muere en silencio. De hecho, nos aventuramos a decir que, en general, las amistades solo se acaban de estas dos maneras: las menos, por un portazo, y las más, por un desvanecimiento.

Del pronto origen de estas últimas dio cuenta el editor Miguel Aguilar en su visita a la nave: «Me tiene muy fascinado la evolución de la lista de invitados a los cumpleaños de mis hijos. Cómo unos se van cayendo y otros van entrando. Pepito, el que era su amigo inseparable, de un año para otro desaparece de la lista de invitados, y no es que se hayan peleado ni que haya pasado nada. Sencillamente, por lo que sea, ya no son tan amigos». Estas rupturas por desvanecimiento que empiezan en el colegio continúan toda la vida, desapercibidas, hasta ese momento de lucidez en el que por fin se nos hace evidente que hemos perdido algo fundamental, un espejo, una parte de nosotros mismos que ya es irrecuperable. Valeria Palmeiro, la artista conocida como Coco Dávez, cree que esto es tan doloroso que muchas veces sostenemos la hipocresía solo para no reconocerlo: «Ese fingir cuando te reencuentras y haces como que todavía hay un interés por querer saber de la otra, la invitas y te contesta, pero en realidad ninguna de las dos quiere quedar».

Quizá convenga liberarse de ese ideal que pregona que las amistades deben ser eternas. Muchas se extinguen sin mayor consecuencia. Son las hojas de Emerson o los barcos de Juan Arena, que forman parte de un ciclo natural. Veinte amigos del colegio se fueron y no pasa nada, hasta nos da pereza que nos vuelvan a localizar por redes sociales. Pero en medio de este proceso de renovación, cada tanto hay una amistad cuya pérdida nos resulta devastadora. La contemplamos ya en el recuerdo con nostalgia, preguntándonos cómo ocurrió, en qué momento olvidamos echar al fuego ese leño que la hubiera mantenido. Quizá podríamos prevenir estas pérdidas tan esenciales si tuviésemos una palabra que las refiera, si tuviéramos más claro que la mayor parte de las amistades no se destruyen con grandes estruendos, como en las películas, sino que se alejan como un barco que navega lento, sin pausa, hasta que desaparece en el horizonte.

3

Igualdad y asimetrías

Espacios de paridad

Los carnavales establecen un espacio y un tiempo en el que se rompen las reglas, se igualan niños y adultos, libres y esclavos mediante disfraces y charangas. Luego, como canta Joan Manuel Serrat: «Con la resaca a cuestas, vuelve el pobre a su pobreza, vuelve el rico a su riqueza y el señor cura a sus misas». La fiesta, además de un espacio de ebriedad, de ruido y de baile, es un espacio de paridad. Como puede serlo el jurado popular en un juzgado, una banda de música o una *grupeta* de hombres vestidos de licra subiendo una montaña que no termina nunca, peleando codo a codo contra el cansancio y el deseo latente de dar la vuelta y rodar libremente cuesta abajo. Detrás de uno de esos grupos, avanzando con su cuerpo liviano en un pedaleo constante, suele ir Fernando Cano. Va a su ritmo, alcanzando a uno tras otro, dándoles un rato de conversación y de ánimo en la subida hasta que va a por el siguiente.

Fer se enfunda alegremente su uniforme de ciclista tantas horas como sus obligaciones se lo permiten; pero para ganarse ese tiempo libre, tiene que vestir otro: el de conserje de un hotel de lujo en Madrid. Cuando no lleva ninguno de estos dos uniformes, es posible encontrarlo por los alrededores del estadio metropolitano, donde rinde culto a su amado Atlético, o hablando entre cañas, con su tono suave y tranquilo, de su abuelo republicano. Fernando Cano fue la primera persona que vino al banquete. Llegó en bici, por supuesto, con zapatillas de carbono con calas que sobre el suelo de cemento pulido suenan como zapatos de claqué, con las piernas abiertas como un vaquero, o, en su caso, como el que ha pasado horas y horas con las nalgas sobre el sillín. Estábamos todos un poco nerviosos. Ese debut iba a ser la prueba de sonido, del sitio, de las preguntas y del método. Apretamos el botón de Rec y le pedimos que se presentara: «Soy Fernando Cano. De profesión, digamos que no soy otra cosa que ciclista. Y estoy aquí para esta emboscada, esperando a que me ataquen por los lados».

Salir en bicicleta es viajar a una velocidad humana que permite contemplar el mundo, sentir el viento en la cara, conversar con otros ciclistas y algo que quizá no es tan evidente: acceder a un *espacio de paridad*. Ahí, como en el carnaval, por un rato no hay jefe, ni empleado, ni rico, ni pobre. Son un tiempo y un espacio que borran las diferencias sociales, los rangos, los apellidos y los escalafones. Un espacio de iguales que se esparce en la inmensidad de un valle. «En la bici se junta un presidente del banco y uno como yo, que se dedica a llevar maletas en un hotel. Y al que está arriba, pues le abre mucho los ojos, y a los que, digamos, socialmente no estamos tan reconocidos, nos cuentan cosas a las que no tenemos acceso. Te unes en una conversación que te da un punto de vista de cosas que a veces, políticamente, pueden ser opuestas. Pero te lo explica con calma en la bici, y eso también a ti te da calma».

Para delimitar y comprender los espacios de paridad conviene mirar los que no lo son. Entre los fracasos más estrepitosos está la mesa de una boda dispuesta deliberadamente por los organizadores con la esperanza de que resulte en una buena mezcla, pese a lo cual las conversaciones raramente toman vuelo. Unos se preguntan por qué les pusieron con los primos de Murcia, otros por qué acabaron en una mesa de niños, el cuñado trotskista abomina del tipo engominado que tiene enfrente y, al final, la mesa termina siendo un fracaso y todos huyen aliviados en cuanto escuchan el primer compás del baile. Esto demuestra que no hay una ingeniería deliberada de la amistad y que, por el contrario, esta requiere superar cierta fricción en un camino compartido.

Fer añade una propiedad que todo espacio de paridad debe incorporar: un botón para eyectarse a voluntad: «Si el de al lado te parece un estúpido, que a veces pasa, pues te alejas lo más posible. En una boda, en cambio, no tienes escapatoria. Te sientan ahí con alguien y lo tienes que aguantar dos horas hasta que empiece el baile. En la bici siempre tienes la ocasión de acelerar y apagar "la radio" dejándolo atrás».

La música también tiene el poder de unir y crear un espacio de paridad, un grupo de personas que vibra al mismo ritmo y que habla un lenguaje propio que no es el de las palabras. David Otero vendió su moto a los dieciséis años para comprarse una guitarra y armar su primera sociedad musical con un vecino y luego con unos amigos del colegio. Pocos años después, ese experimento se había transformado en un asunto de multitudes y él daba conciertos en estadios repletos con su banda El Canto del Loco. Cuando llega a la mesa y le explicamos la distancia a la que debe mantenerse del micrófono, nos observa como quien le enseña a James Bond a tomar un dry martini. Mira de reojo que el nivel del micrófono sea el correcto y dice: «Me llamo David Otero. Nacido en Madrid en 1980. Aunque me hubiera gustado nacer en Brasil, pero no pudo ser».

A los veintitrés años recorrió Marruecos de norte a sur durante tres meses. Iba con su novia y con su guitarra acústica al hombro. En el camino conocieron a un bereber que los llevó al Sahara profundo, y en medio de la vastedad montaron un par de tiendas de campaña para pasar la noche: «En un momento, el chico me dijo que iba a la tienda de al lado a hacer música. Le conté que era músico y que tocaba la guitarra, y me dijo: "¿Quieres venir?"».

David afinó su guitarra en la tonalidad de los gnawa y tocaron, ronda tras ronda. Uno tenía unas castañuelas de metal, otro un guimbri, «el bajo de cuerdas de tripas de vaca enroscadas que dan la sonoridad del desierto». David se sumó a una ronda de acordes en bucle y entraron en trance. La música gnawa no está basada en canciones, sino en la repetición de oraciones, de palabras, que fusionan al coro de participantes, provoca el olvido de uno mismo, la disolución del yo en un nosotros, y transporta al grupo hacia una unión con lo divino que trasciende lo verbal del canto. David no sabía esto ni los bereberes que practicaban esa música le dieron una lección de etnología musical, simplemente dejaron que la tradición gnawa obrara su magia hipnótica.

«Al ratito de estar tocando, entra mi novia en la tienda y me dice: "¿Qué haces?". Y yo… "¿Qué hago?". "Es que son las siete de la mañana y llevas ahí más de siete horas"». David se asomó afuera y vio el amanecer. No entendía nada. Había pasado la noche en lo que para él había sido apenas un destello: «Me había hecho amigo, más bien hermano, de esa gente. Tuve la sensación de haber conectado directamente con su alma».

La bicicleta y el carnaval son espacios de naturalezas muy diversas, pero en ambos se borran tanto los galones que exhibimos de manera conspicua como los estigmas indisimulables que los demás detectan inmediatamente. Las reglas que rigen en ellos nos hacen visibles a otros bajo la misma luz, y nos ofrecen la oportunidad de encontrarnos en un plano de existencia compartido con personas que, a pesar de vivir en la misma ciudad, pasan su vida en espacios que nos hacen inaccesibles los unos a los otros. Como cuando el presidente del banco va de traje y pasa delante de Fer sin fijarse en otra cosa que en el uniforme que le convierte en conserje. Muchas amistades improbables e insospechadas solo se nos abren en cuanto entramos en un espacio de paridad. Por eso conviene buscarlos y transitarlos. Es en ellos más que en ningún otro sitio donde se nos revela cuán diversa y a la vez cuán semejante es la fauna humana.

El ladrón de alegría

Rosario Mendoza irrumpe en la nave cuando aún no hemos terminado la charla con Marta Peirano. Viene con un vestido cruzado de colores cálidos, un par de antiguos collares de marfil que parecen sacados de un retrato de los años veinte y un sombrero ancho en la mano. Al verla entrar, Marta dice: «No quiero irme de aquí sin decir que esta es la mujer más guapa que he visto en mi vida», pero su sonrisa se congela cuando Rosario anuncia sin ningún pudor que tiene prisa porque esa tarde se va a los toros y saldrá antes de que terminen para ir a una fiesta. Rosario nunca para. Tiene un exceso de energía social que muchas veces compensa con ratos de apatía. Vive en ese contrapunto. A veces necesita estar sola porque tiene resaca de su propia sociabilidad. Se presenta de manera escueta: «Estoy a tres meses de cumplir setenta años de una vida básicamente ordenada».

Durante cuatro décadas tuvo una tienda de antigüedades inglesas, donde se relacionó con una clientela muy variopinta. Allí vendía cosas para todos los gustos y presupuestos, desde mesas de comedor hasta pequeños objetos como abrecartas de marfil, violeteros de plata, lupas, sextantes, tinteros y pitilleras. Ciertas piezas eran caras y muchas otras de utilidad dudosa; por tanto, lograr que el cliente firmara un talón requería una labor de seducción de semanas o incluso de meses. Para eso, Rosario los entretenía con un té y galletas, siempre tenía algo para ofrecerles, sobre todo conversación sobre el origen de cada pieza: cómo fueron adquiridas, a quién pertenecieron, de qué tipo de madera estaban hechas, qué efecto podrían causar en una persona amada, qué lugar podrían ocupar en la vida o en la casa del comprador. De esa forma, en su tienda se abría un espacio para que surgiera la amistad. Un espacio en el que un hombre fue a morir.

Era un colega, víctima temprana de la epidemia del sida. Muchos anticuarios eran homosexuales y esta infección se cebó con el gremio. Rosario tenía miedo de saludarle con un beso en un momento en que nadie tenía claro cómo se contagiaba la enfermedad. La homosexualidad no era un tema cómodo de conversación en esa época y la tienda de Rosario era, sobre todo, un espacio de amparo y comodidad. Aun cuando ella misma no se sintiese importante para nadie o no creyese que tenía nada que dar, ahí estaba la tienda, que en cierto modo era una prolongación de su forma de ser y de su forma de estar. Por eso, durante los últimos días de su vida, aquel anticuario moribundo convirtió en una rutina visitar a Rosario en su tienda, porque le reconfortaba ver la vida pasar con ella, ver a la gente entrar y salir, tomar el té o tener una conversación sobre el cajón secreto que esconde un aparador eduardiano.

Ahí, en las proximidades de la muerte, late la idea de la amistad como un fin en sí mismo, que se ejerce sin una expectativa de reciprocidad. Una leyenda que lleva al extremo esta idea es aquella que cuenta que Sócrates, poco antes de morir, le pidió a uno de sus discípulos (quizá en cierta forma los amigos que tenía) que le enseñara una melodía en la flauta. Le preguntaron entonces para qué aprenderla si se iba a morir tan pronto. Él respondió: «Porque no me la sé». Con amigos, uno aprende cosas sin tener en consideración su utilidad y hace cosas solo por la belleza de hacerlas. Como Rosario Mendoza, compartiendo en su tienda los últimos días de aquel anticuario moribundo.

Esta historia pone en cuestión una de las intuiciones más arraigadas sobre la amistad: que tiene que ser recíproca y simétrica. Basta ahondar un poco en nuestro propio círculo para entender que esta regla casi nunca se cumple y que, además, si lo hace taxativamente, se pierde la gracia. Tanto es así que muchas de las amistades más entrañables de la literatura suelen exagerar este rasgo para dar cuenta de que la asimetría en la amistad, más que un problema, suele ser una virtud. Don Quijote trae a la amistad el espíritu de aventura y la capacidad de soñar más allá de los menesteres mundanos de la realidad. Sancho le ofrece una visión escéptica y pragmática, con cautela y sentido común. También aquí hay una asimetría de poder: el hidalgo Quijote se considera un caballero y Sancho es apenas su fiel escudero. Pero, en esa asimetría, don Quijote es un buen amigo porque hace que Sancho salga de su casa, lo expone a la cultura, le da un propósito y al final es Sancho quien pide que por favor sigan con las aventuras.

Hay un estudio científico, de esos que son tan simples como esenciales, en el que le piden a cada miembro de la pareja que calcule el porcentaje de los menesteres de la casa de los que cada uno se ocupa. Cuando se suma la contribución de ambos, el resultado suele ser del 130 por ciento. No se ha hecho este estudio con la amistad, pero seguramente el resultado sería muy distinto. Es posible que, por el contrario, la suma dé menos del ciento por ciento. De esto da cuenta Rodrigo Pineda, que no es un personaje de la literatura sino de nuestro banquete, un ser inconfundible en cualquier fiesta a la que acude, que son unas cuantas. El que lo ve por primera vez queda anonadado con sus túnicas y su melena rizada, y sobre todo con su sobrenatural poder de ubicuidad. La física apenas puede explicar que la misma persona esté a la vez haciendo las paellas, pinchando música, tocando la guitarra y ocupándose de cada una de las columnas que tiemblan en una fiesta. Cuando Rodrigo anda como hombre orquesta, saltando intermitentemente y de forma casi cuántica de una ventanilla a otra de la fiesta, no lleva ninguna cuenta de cuánto ha hecho él y cuánto han aportado los demás, quizá porque dar a sus amigos es su manera de celebrar.

Juan Arena, sin prodigarse en sonrisas ni en los lugares comunes con los que se arranca una conversación, se presentó así: «He sido feliz la segunda mitad de mi vida, la primera fui un desgraciado. Y eso es básicamente todo». Juan dice que se nutre de la alegría que le da la gente que lo rodea. Siente que él da otras cosas y se define como «un ladrón de alegría», una buena forma de expresar la condición asimétrica de algunas amistades. Lo cierto es que la segunda mitad de su vida ha vivido con Bárbara Pan, una mujer que nos visitó el primer día y a la que nos costó un rato sentar en la silla. Recorrió cada rincón de la nave, la cocina, el patio trasero, se fijó en las plantas, alabó escandalosamente la belleza de cada cosa que veía mientras reordenaba su voluminosa melena rizada, más propia de un amoroso perro de aguas que de un humano. Al terminar su charla, nos invitó a cenar a su casa la semana siguiente.

Juan se casó tarde y conoció a su mujer en la mitad feliz de su vida. Cuando le preguntamos si comenzó a ser feliz porque conoció a su mujer, él aclara que más bien conoció a su mujer cuando por primera vez se abrió a la posibilidad de ser feliz, tras muchos años de varias sesiones semanales de terapia que le sirvieron para estar dispuesto a recibir alegría. Considera a su pareja, que es casi veinte años más joven, su mejor amiga. Bárbara, que necesita su sosiego y la profundidad de sus reflexiones, también lo considera su mejor amigo. Ahora que con la edad va acercándose a lo que entiende que va a ser el final, Juan exige más alegría que nunca. A cambio, sus amigos, muchas veces más jóvenes que él, reciben sabiduría, templanza y sosiego. La descripción de este intercambio intangible es una simplificación, porque ninguno tiene un registro contable con una columna de «debe», otra de «haber» y una tercera de «saldo». De esto dio cuenta Cicerón, un romano que hace dos mil años ya pensaba en los problemas de la reciprocidad: «Es demasiado estrecho y mezquino llevar la amistad a cálculos de forma que sea igual la relación de favores hechos y recibidos».

Amigos que no nos hablan

Quizá las amistades más asimétricas son aquellas que, de manera difusa, nos vinculan con entes no humanos. Por ejemplo, la amistad con los animales (como la de Rosa Montero con su perra), con la naturaleza o con Dios. Sobre cada uno de estos asuntos, la gente difiere en si corresponde o no llamarlos «amistad», muchas veces con absoluta convicción. Y es justo por eso por lo que nos parece que es un espacio fértil para reflexionar abiertamente sobre los límites de la amistad.

Julio Antón es vecino de la nave. Vive hace más de treinta años en una casa rodeado de perros, peces, pájaros, tortugas y todo tipo de plantas a los que dedica su vida. Cree que con algunos de sus animales tiene un vínculo que se asemeja a la amistad. Tras pensarlo un rato, identifica que el duelo es la situación en la que mejor lo ve, o, más bien, lo siente: «Si se me muere un cachorro, como me ha pasado más de una vez, sufro durante meses. Recuerdo algunos que todavía me hacen llorar, aunque hayan pasado muchos años».

Julio también tiene un vínculo especial con sus plantas, aunque aclara que sin ninguna idea esotérica. No les habla ni cree que las plantas sean más que plantas. Sin embargo, ama compartir los días con ellas: «Me gusta el buen tiempo porque es cuando empiezan a salir brotes. Cada planta tiene formas muy distintas de expresión, de cuidados, de necesidades. Lo que me gusta es estudiarlas y ver cómo prosperan. Me siento orgulloso cuando veo que están bien». El amor por la naturaleza o por el cosmos constituye formas de «protoamistad» en las que se vuelve inconmensurable lo que se da y lo que se recibe. Se suele dar cuidado por el mero gusto de descubrir al otro ente, de entender sus expresiones y de ver que evoluciona y prospera. Sin esperar que nos hable.

Nuestra imaginación nos permite concebir amistades más y más intangibles, con las plantas o con la naturaleza y el cosmos. En el extremo de este imaginario encontramos una que muchos de los participantes del banquete pusieron sobre la mesa: la amistad con Dios. Quien más se explayó sobre esto, con una pasión que denota que es un asunto esencial en su vida, viene vestida de negro, con los ojos muy perfilados y un aro que comunica las dos fosas nasales: «Soy Lupe. Soy fotógrafa, soy madre y quiero ser santa». Lupe habla repetidamente del desorden de sus funciones ejecutivas y, pasado un tiempo de conversación, nos habla sobre la asimetría en su amistad con Dios: «Yo le voy con mis mierdecillas, como "ayúdame a encontrar las lentillas porque quiero ir a un evento y necesito ir guapa". Dios sabe mis traumas, mis apegos, mi TDH, mi cabezonería, y sabe que lo único que me puede pedir es que, en la medida en que yo me acuerde de él, lo intente hacer lo mejor posible. Que no le dé la espalda, que no le haga *ghosting*».

Tuvimos con Lupe una conversación abierta sobre Dios entre gente que tiene opiniones muy distintas y le preguntamos cómo se reconcilia esa visión de que Dios no pide casi nada con los primeros pasajes del Génesis, en los que ordena a Abraham, nada más y nada menos, que mate a su primogénito. Lupe dice que ese no es un asunto de Dios sino de las personas, más aún en la inevitable ambigüedad de interpretar textos escritos hace miles de años en circunstancias muy distintas: «Es como ponerte a interpretar a Shakespeare pero multiplicado por mil». En fin, que como en cualquier relación, cada cual elige cómo se desarrolla el vínculo y Lupe añade algo que va más allá del caso puntual del vínculo con

Dios e irradia a las amistades entre personas: «Dios no te pide muchas cosas para mantenerte en vida, para quererte o para estar en relación con él. Pero si tú dices "quiero conocerte más, quiero que mi vida sea más plena", entonces no para de pedir. Es como un maestro al que le dices "quiero ser el mejor pintor". Pues entonces vas a flipar con todo lo que te va a hacer trabajar. Es como un amante exigente».

En las últimas páginas hemos intentado ensanchar y ampliar la noción de amistad, encontrar sus rincones más sorprendentes y atípicos como caricaturas que exacerban rasgos de las amistades más frecuentes. La amistad con Dios, con las plantas, con la naturaleza, con un sabio que a sus ochenta años ofrece su sabiduría y recibe a cambio una buena dosis de alegría, la del que atiende en una fiesta a los demás como si cuidase a sus plantas por el mero disfrute de ver a la gente feliz, o la de quien hace de su tienda un espacio de tanto sosiego que la gente lo toma prestado para ir a morir. Pareciera que, en general, no sirve buscar paridad ni equilibrios matemáticos, cada uno da lo que puede y recibe lo que necesita. Quizá convenga demoler la intuición, tan arraigada, de que la amistad es entre pares y debe ser recíproca, porque poner el foco en lo que hemos dado y en lo que nos deben suele ser pernicioso.

Para dar cierre a esta idea, otra vez convocamos a Cicerón, a quien el asunto de las asimetrías y reciprocidades en la amistad parecía interesarle especialmente: «Más rica y más fluida me parece a mí la verdadera amistad y no hay que andar calculando con tacañería para no devolver más de lo que se ha recibido: no hay que tener miedo a que algo se pierda o a que se derrame un poco más de tierra o a que se amontone en la amistad más de lo estrictamente justo».

Dioses de carne y hueso

Diciembre del 2022 fue un momento inexplicable para Argentina. El desenlace del mundial tuvo una trama de suspense propia de la ficción, con una final épica que terminó de consagrar al héroe ya en el ocaso de su carrera, acompañado por un grupo de imberbes que jugaban como si estuviesen en el patio del colegio. En esos días apareció una cordialidad en Buenos Aires que no se ha visto jamás, ni antes ni después, con ocho millones de personas en la calle que, si por entusiasmo o mala fortuna chocaban, se abrazaban y se pedían disculpas sin enfadarse. En Madrid, París, México o Nueva York, en las casas de argentinos que se habían ido hacía meses, o años, o vidas, los niños encarnaron una locura de la que solo habían oído hablar en los relatos de sus padres o de sus abuelos.

Semanas después del mundial, en una cena en casa de Papo Kling, su hijo menor de seis años dijo, como si fuese lo más natural del mundo, que le gustaría invitar a Messi a su fiesta de cumpleaños: «Sabía que era una fantasía irrealizable. Pero, al mismo tiempo, daba pura cuenta de lo que sentía: Messi era su amigo. Y esos, sus amigos, eran los que iban a su fiesta».

Meses después, Papo y su familia fueron a pasar las vacaciones de verano a Mallorca y, nada más llegar, hicieron esa insufrible parada para proveerse de toda la parafernalia de objetos acuáticos y deportivos para la playa. Pasaron toda una mañana de gritos, lloros, de quiero esto, de ya no lo quiero, de dar patadas a pelotas, subirse en bicicletas, sacar cosas y dejarlas en las estanterías equivocadas. En medio de todo eso se acercó el guardia de seguridad a preguntarles si eran argentinos. Papo sintió la vergüenza del que es reconocido en la peor de sus facetas y, cuando se disponía a pedir todos los perdones que hicieran falta, el guardia les dijo que en el otro pasillo estaba Lionel Scaloni, el entrenador de la selección argentina: «Hubiese sido impensable que el tipo anduviera suelto meses después de ganar el mundial en Argentina, pero en Mallorca todavía gozaba de cierto anonimato». Y con la vergüenza y la osadía de esas cosas que uno solo hace por un hijo, Papo fue a pedirle una foto. Scaloni resultó ser de lo más afable, se sacó todas las fotos del mundo, conversó con ellos y les contó historias. Les regaló su tiempo. Volvieron en el coche cargado de *snorkels* y pelotas de goma, con el silencio que se abre después de esos momentos tan insólitos, cada uno resolviéndolo en su fuero interno y sin intercambiar una palabra, cuando, de repente, el hijo de Papo dijo: «Bueno, ahora que lo conocemos a Scaloni, ¿podemos invitarlo a Messi a mi cumpleaños?».

El lugar de Messi antes lo ocuparon Maradona, Pelé, Michael Jordan, Julio Iglesias o Rosalía. Son dioses. O semidioses. Y su imaginada visita repentina al cumpleaños del hijo de Papo es, a fin de cuentas, un asunto muy distinto al vínculo espiritual con una deidad. Es, al contrario, el de una relación con un ser de carne y hueso que de alguna manera se transforma en dios, la misma que ya aparece enunciada en forma de paradoja en *Ética a Nicómaco* (VIII, 7):

> Cuando la distancia es muy grande, como la de la divinidad, no es posible la amistad. De ahí que surja la dificultad de si acaso los amigos no desean a sus amigos los mayores bienes, por ejemplo, que sean dioses, puesto que entonces ya no serán amigos suyos, siquiera, por tanto, un bien para ellos, pues los amigos son un bien. Si, pues, se dice, con razón, que

el amigo desea el bien del amigo por causa de este, este deberá permanecer tal cual es; y deseará los mayores bienes para él mientras siga siendo hombre.

La paradoja de Aristóteles está formulada como una hipótesis mágica: ¿qué pasaría si un amigo se transformase en un dios? En nuestro mundo actual, tan proclive a transformar a personas en dioses, le dimos el gusto a Aristóteles de realizar su experimento. Hoy en día no es imposible observar a alguien que viene de la normalidad más absoluta y al que, a golpe de YouTube, se le otorga el don de la ubicuidad, una de las principales prerrogativas de los dioses: aparecer en todas las pantallas y en todos los sitios.

De lo que le ocurre a la amistad tras ascender al olimpo nos puede hablar con una perspectiva privilegiada Leonor Watling, actriz y cantante, diosa a los ojos de muchos españoles. Llegó un jueves antes de comer, apurada, y a los pocos minutos, en un gesto de amistad, se había convertido en la productora. Se ofreció a conseguirnos tapetes, para que el movimiento de las viejas sillas de madera sobre el piso de cemento de la nave no chirriase, y entró en la conversación con un chorro constante y sostenido de voz dirigido en línea recta, en un flujo perfecto hacia el micrófono. Fue la primera de todos los que habían pasado, que ya eran muchos, en reconocer sin tapujos y con toda honestidad que la amistad no es un asunto fácil: «Yo pondría como prefacio, en mi caso, que las amistades no son mi punto fuerte».

Leonor actuó en *Hable con ella*, la película dirigida por Pedro Almodóvar que ganó, entre muchos otros premios, el Óscar al mejor guion original. Eso supuso parte del ascenso de Leonor a la fama, en el que le fue muy difícil mantener la paridad con los amigos que la conocieron sin mochilas y sin títulos y le recuerdan su lugar de origen. Cuenta Leonor que los amigos de la infancia a veces ponen exigencias desmedidas, pruebas constantes y cansinas de que uno no ha dejado de ser quien es. Y a veces olvidan que un ingrediente constitutivo de la amistad es también darnos el derecho a patinar, a extraviarnos cada tanto. En el caso de Leonor, a tener su *momento rockstar*: «Si no se te sube a la cabeza, es que no estás dándote cuenta de lo que te pasa. No puedes ir a los Óscar y volver a casa y decir: "No, yo soy normal"». Leonor, que tampoco ha soltado tanto la cuerda, aprecia el ejercicio calvinista que le recordaban los más cercanos de no creerse nunca en ninguna cima: «Pero yo pasé un tiempo como de bueno, ya está, ya me habéis dejado claro que no se me puede ir la pinza, que soy una tía normal. Dejad de pedirme que pague un peaje por tener una suerte extraordinaria».

Es conmovedor que esa paradoja que plantea Aristóteles y que se ha ido reflejando en la vida de la gente más famosa encuentre al fin su solución más de dos milenios después en Albacete. Allí, dos hermanos y su primo habían establecido un rito inquebrantable de jugar juntos a una de esas loterías en la que los participantes escogen una combinación de números. Durante años, indefectiblemente, cada semana sellaban sus boletos y soñaban con el premio. Pero en uno de esos sucesos altamente improbables que nos hacen creer que el destino existe y nos pone a prueba, los dos hermanos se van de viaje para asistir a una boda y el primo juega solo esa semana a la lotería, con el mismo número de siempre, y tiene tan buena suerte que le tocan ochenta y tres millones de euros.

El ganador, que no creemos que haya leído nunca *Ética a Nicómaco*, tiene entonces un momento de clarividencia que quizá lo sitúa entre los grandes sabios de la humanidad, pues se da cuenta de que ser rico en solitario seguramente destruya la relación con sus dos primos. No solo ya por la frustración que sentirán ellos porque el premio tocara precisamente el único día que no jugaron, sino porque se abriría un abismo de desigualdad que convertiría a sus primos en eternos invitados, en pedigüeños o mantenidos (como tantos familiares de futbolistas), y eso probablemente acabaría con la preciosa amistad que los había unido hasta entonces. Así pues, tras reflexionar sobre esto, el ganador decide, sin que nadie se lo pida, repartir el premio en partes iguales. De ese modo, él se hacía dios junto a sus primos, uniendo así los destinos de los tres. A partir de entonces, los dos hermanos y el primo se ponen en manos de buenos gestores, cierran sus antiguos negocios, dos se separan, dejan de ver a unos cuantos y empiezan a conocer a otra gente, prosperan y, en todos esos cambios vertiginosos que los alejan de sus vidas pasadas, los tres se mantienen unidos e iguales en su olimpo particular.

El adulador

Todo el mundo intentando venderte algo,
intentando comprarte.
Queriendo meterte en su melodrama,
su karma, su cama, su salto a la fama,
su breve momento de gloria,
sus dos megas de memoria.
Subirte a su nube
como un precio que sube
para luego exhibirte
como un estandarte.

De esta manera arranca «Silencio», una canción de Jorge Drexler, un músico uruguayo que se define a sí mismo como cancionista. Jorge venía de una clase de baile, con una camiseta y unos pantalones de yoga, y antes de sentarse a charlar nos enseñó su tabla de ejercicios abdominales para prevenir el dolor de espalda, combatir la pérdida de músculo que trae la edad y mantener a raya la panza, algo que en el escenario no queda muy bien. Cuando terminemos la escritura de este libro, Jorge cumplirá sesenta años. Su carrera sigue un patrón inusual: empezó a tener éxito a una edad en la que muchos otros músicos entran en declive, se quedan sin ideas y viven de cantar éxitos de juventud: «Hasta los treinta años vivía de la medicina. Para hacer música me vine a España y, si bien ya era algo conocido como compositor, mis cuatro primeros discos fueron realmente muy mal. Era un buen ejemplo de una carrera que no repunta y empezó a irme un poco bien recién a los cuarenta y recién bastante mejor a los cincuenta».

A pesar de lo lento y tortuoso que ha sido su camino, él se siente afortunado de haber llegado a la fama en su madurez. Cuenta que los muchos años que pasó preguntándose cómo se sentiría vivir de la música, lo vacunaron de algunas ilusiones que tiene quien se hace famoso muy temprano, algo que no le desea a nadie: «Cuando te vuelves mayor, la gente deja de contradecirte porque piensa que tenés conocimientos por acumulación de vivencias. Pero es muy importante que a los veinte años te contradigan, se rían de ti, te ignoren y entres en un lugar y no te haga caso nadie, ni la chica que te gusta, ni el tipo que querrías que te hablara».

Bromeamos con Jorge sobre la manera en que la gente suele referirse a él en público como «mi querido amigo Drexler», en una enfatización doble de la amistad («querido» y «amigo») que cabe sospechar que no es tanto una declaración hacia él, sino hacia los demás. Algo que también detectamos a veces en redes sociales cuando se le etiqueta. Como sucede con la gente que ha adquirido cierta fama, no es difícil encontrar todo tipo de exhibiciones ostentosas de amistad —que a veces no existen más que en el escaparate de ese mercado social—.

Jorge dice que le gusta «Silencio», pero no el sentimiento que describe, el de pensar que las propuestas de amistad pueden esconder otros intereses: «A veces la gente viene con amistades que no son amistades. De repente viene un tipo y dice: "Tengo un regalo para ti", y te da su disco. ¿Para quién es el regalo de verdad? Es decir, si en realidad tú me traes un disco tuyo con la finalidad de que yo lo escuche, lo evalúe, lo presente en otros círculos, de repente, ¿es para mí el regalo?». Aquí Drexler toca una de las conductas que más preocupan a los filósofos y escritores que han dedicado páginas a la amistad o al poder: la de quien busca extraer favores de un poderoso a través del fingimiento de la amistad y la profesión exagerada de admiración, es decir, la figura del adulador.

El poder tiene muchas formas, la del dinero, la de la política; hay un poder en la belleza física, en el abolengo de un apellido ilustre, y también hay un poder en quien, como Jorge, ha obtenido reconocimiento crítico y popularidad y que, por tanto, tiene la facultad de prescribir y promocionar al aspirante. La amistad es a menudo el atajo para conseguir todo tipo de cosas.

La tentación de adular al amigo poderoso es quizá tan grande como la del poderoso por dejarse adular. Las tragedias más políticas de Shakespeare, aquellas en las que trata la suerte de reyes y gobernantes, muestran una preocupación enorme hacia el falso amigo que manipula con su adulación y el efecto que ello tiene sobre el poderoso: una distorsión enorme de su capacidad de entenderse a sí mismo, de comprender las intenciones de los demás o la realidad que le rodea. No hay falso amigo más terrorífico que el Yago de Otelo, que, a través de su astuta manipulación, termina por convertir en asesino a un hombre noble. La avidez por la adulación es lo que precipita al desastre al rey Lear, que no es capaz de distinguir entre las alabanzas exageradas de sus hijas Goneril y Regan, que aspiran al poder, y el amor sincero de su hija Cordelia, que es capaz de mantener un tono crítico frente a sus excesos: hacer que se vea tal como es.

El falso amigo del poderoso no solo es un tema predilecto de Shakespeare, también es una preocupación central del pensamiento político del Renacimiento, un tiempo en el que se empieza a reflexionar sobre el buen gobierno y se van desarrollando los primeros cimientos del Estado de derecho. El amiguismo es uno de los peligros sobre el que se previene al gobernante, y los dramaturgos lo ilustran como un vicio propio de las tiranías. El amigo pone freno y presenta oposición a las peores inclinaciones del poderoso, pero el adulador le acompaña y asiste en ellas. Hasta tal punto preocupa la figura del adulador que podría decirse que, para quienes escribieron sobre ella, lo contrario del amigo no es el enemigo, sino el adulador.

Platón, Aristóteles y Cicerón escribieron ampliamente previniendo sobre la amistad con el adulador, pero quizá el texto más influyente al respecto, ampliamente difundido siglos después en el Renacimiento, es el del griego Plutarco, que dedica un largo capítulo en su obra *Moralia* a este tema: «Cómo distinguir a un adulador de un amigo». El texto dice en su arranque que el adulador dispone de «un gran espacio abierto en medio de la amistad, al tener como una útil base de operaciones contra nosotros nuestro amor por nosotros mismos, por el que, siendo cada uno el principal y más grande adulador de sí mismo, admite sin dificultad al de fuera como testigo, juntamente con él, y como autoridad aliada garante de las cosas que piensa y desea». Pese a todas estas advertencias de los clásicos sobre el *amiguismo* y la adulación, estas dos enfermedades degenerativas de la amistad siguen siendo la carcoma del poder político actual.

El verdadero problema para los filósofos clásicos no es tanto el burdo adulador que se delata en cada halago, sino el que actúa con astucia y elude nuestro radar, como le pasa a Otelo con Yago. De esta clase de astuto adulador dice Plutarco: «Este hombre es difícil de descubrir, como a aquellos animales que son capaces de acomodar su color a los arbustos y a los lugares que hay junto a ellos. Y, puesto que aquel engaña y se oculta en las semejanzas, nuestro trabajo es descubrirlo y desnudarlo con las diferencias».

A algunos la fama les hace creer que, por ser autoridad en algo, lo pueden ser en muchas cosas, y abundan ejemplos de bochornosos libros escritos por famosos, exposiciones de cuadros sin ningún mérito artístico, recetas de estrellas televisivas que apenas saben cocinar y todo tipo de intrusiones temerarias en disciplinas en las que, como mucho, se puede decir de ellos que son meros aficionados. Los clásicos dirían que el amigo verdadero les hubiera prevenido de este tipo de excesos algo narcisistas que a menudo conducen al ridículo, pues el amigo verdadero es aquel que nos sabe ver, conoce nuestros límites y siente el deber de decírnoslo cuando los traspasamos. Es, en definitiva, el que nos ve más allá de la máscara y la fama.

Por eso Jorge habla con gran cariño de Coki Debernardi, un músico argentino al que ve apenas un rato cada cinco años, cuando visita Rosario, pero para el que tiene un buen recuerdo precisamente porque supo mirarle de otra manera: «Él inauguró nuestra amistad en una época en la que yo estaba harto del concepto del cantautor. Todo el mundo me ponía en esa palabra tan fea, con ese diptongo en el medio, con ese bagaje pesadísimo de preconcepto. Y él vino un día a un concierto mío en Rosario y me trajo de regalo una biografía de Marilyn Manson y casi me puse a llorar de emoción. Lo agarré del brazo y le dije: "Vámonos de acá, por favor". ¿Adónde se va a tomar algo con alguien que te regala un libro de Marilyn Manson?». En cierta manera, lo que apreciaba Jorge de ese regalo inédito de Coki era que lo interpelaba, que le dejaba libre para ser más cosas que lo que la máscara de su propia fama decía de él. El hecho de que escogiera irse con Coki esa noche es parte de un trabajo que dice haber hecho activamente para generar vínculos con personas que lo contradigan y que no lo idealicen: «Ir a sitios y exponerte, hacer el ridículo, bailar delante de gente, hacer cosas que puedan deteriorar esa aura ideal que la gente pone en una persona que tiene cierta popularidad».

A nuestro querido amigo Drexler le pasa algo que a la mayoría no nos ocurre: lo paran por la calle para adularlo. Sin embargo, cada uno de nosotros, en algún territorio de nuestra vida, tenemos una cuota de poder que también atrae al falso amigo. El que trabaja en la entrada de una discoteca, la que tiene un hermano mayor guapo, el dueño del balón de fútbol, el que cuenta buenas historias o el primero del grupo en tener un coche. Nos sigue conviniendo a todos seguir la receta de Plutarco: revisar nuestras amistades y evitar, por tentador que pueda parecer, rodearnos de aquellas que nos regocijan permanentemente. El griego Plutarco, hace ya más de dos mil años, nos dio la clave de quiénes son los que corren este riesgo en mayor medida. No son tanto los que tienen poder o fama sino los que, como Narciso, son los mayores aduladores de sí mismos y buscan en la compañía avales y confirmadores de sus narrativas.

4

Los límites de la amistad

Cuidarse y despellejarse

Santiago Gerchunoff dice que se ríe de todo. Tiene una melena desordenada que se prolonga sin interrupción sobre una barba tupida, y la mirada contemplativa de un cazador de ideas que espera al acecho una provocación para tomar la palabra y hablar a un ritmo que lo deja sin aliento. Nos reitera como un mantra que la plaza pública no es un territorio para cobardes y puede que ese gusto por sumergirse en el barro de la conversación lo haya descubierto en sus primeras amistades, con las que se lanzó a recorrer los caminos de máxima fricción: «Al revés de lo que se cree, uno es amigo de verdad de aquel al que puede traicionar y volver de eso».

Para ilustrárnoslo, Santiago vuelve a su infancia en Buenos Aires, rescata de la memoria una oscura sala de recreativos del barrio bonaerense de Villa Crespo. Allí iba muchas tardes con su amigo Leo a jugar siempre al Trigger, un primitivo juego de fútbol montado en una carcasa de madera con dos *joysticks* y ocho botones sobre el que definían sus propias reglas. Se jugaba por dinero, cada gol le costaba cinco pesos a quien lo encajaba. El pago era en efectivo y se hacía religiosamente en el momento mismo del gol, antes de reanudar el partido con un saque de centro: nada de fiar, ni de pagos parciales o en especie. Y así se seguía, gol tras gol, partido tras partido, con los billetes viejos de los pesos de entonces arrugándose progresivamente mientras alternaban entre un bolsillo y otro. Tenía la adrenalina adictiva de todos los sistemas de apuestas, y encima, por si fuese poco, se practicaba un ejercicio de la infancia: el de medirse con el amigo.

Un día, Leo tuvo una formidable racha de goles y desplumó a Santiago: «No era una fortuna, pero sí era todo lo que tenía esa tarde». Cuando ya el futuro filósofo no pudo seguir pagando, se aplicó la estricta regla de no fiar jamás al perdedor y la partida se dio por terminada. Salieron de la sala y se fueron al McDonald's de al lado a comer una hamburguesa. Santiago le pidió plata a Leo para comprar la suya. Leo, que en cualquier otra circunstancia lo habría invitado de buen gusto, le dijo tajantemente que no, pues, si lo hacía, la derrota de Gerchunoff no tendría efecto y la apuesta dejaba de tener sentido. A Santiago le dio un ataque de furia y se largó de malas maneras, dejó a Leo comiéndose su hamburguesa solo, se subió a un colectivo (aún no recuerda cómo lo pagó) y se fue para su casa. Al día siguiente no había pasado nada, estaban ante el mismo videojuego jugándose los cuartos.

Cuarenta años después, Santiago ve en esta historia un ejemplo de cómo la amistad tiene espacios en los que se pueden perpetrar algunas traiciones y ser perdonados rápido y sin excesivas consecuencias. La clave está, claro, en la gravedad de esas maldades, o quizá más bien en el espíritu con que se cometen: parece que mientras el daño se inflija de manera desinteresada y solo persiga la diversión, se admite con deportividad, pues no se ha cruzado la línea de no retorno a partir de la cual se rompe la constitución de la amistad. El problema es que esta constitución no está escrita; es más, se suele descubrir entre amigos ese matiz ambiguo y borroso entre lo que está bien y lo que está mal, entre lo que se puede y lo que no se puede hacer. La amistad es ese espacio intermedio entre el yo y la *polis*. Entre uno y las leyes. Es esa pequeña sociedad de reglas implícitas, mutables, tácitas, en la que abunda el perdón y el indulto para el transgresor y en la que vamos aprendiendo a convivir. De hecho, hacer amigos pone en marcha una función cognitiva fundamental, conocida como sistema de control ejecutivo, que nos permite, hasta cierto punto, tener el control de lo que hacemos, de lo que sentimos o de lo que pensamos. Esta facultad que nos sirve para manejar tensiones e interferencias, resolver conflictos y no reaccionar impulsivamente frente a algo que nos disgusta se pone a prueba casi en cada situación en la que se despliega una amistad.

Por eso un simple mazo de cuarenta cartas, con sus ases y sus reyes, es una escuela esencial de la vida. El truco, el tute y el mus, así como los juegos de la baraja francesa, el póquer y el bridge, no son simples pasatiempos. Son espacios vitales de sincronía y fricción. Sobre el tapete no se mide la calidad del jugador en un juego, sino su calidad como persona. El naipe hace aflorar lo peor y lo mejor de cada cual, el honor, la astucia, la audacia, la trampa, la ira, la galantería y la amistad.

En los cinco días de charlas en la nave, solo dos invitados tuvieron que cancelar en el último momento por un contratiempo ineludible. Pero uno de ellos, David Cantolla, simplemente nos falló, como a veces fallan los amigos. Se olvidó de apuntarlo cuando le convocamos y metió otra reunión de trabajo en su agenda. Cuando se lo recriminamos y le pedimos que cambiara su reunión, nos contestó que prefería dejarnos colgados a nosotros que deshacer sus planes, pues nosotros éramos amigos y sabía que le perdonaríamos: «¿Quieres saber lo que es la amistad? Esto es la amistad», nos dijo por teléfono, validando así la hipótesis de Gerchunoff. Le colgamos enfadados y llamamos a Pita para rellenar el hueco que nos quedaba libre, y acudió de inmediato respondiendo a la llamada de la amistad, cimentada en el espacio del juego. En este caso, del mus.

Pita llegó a la nave tras una larga comida en un club privado; llevaba los mismos mocasines que calza en invierno y en verano, en la nieve y en la playa, desde su adolescencia. Nada más entrar, se quitó una corbata azul con bandas de la bandera de España, tiró la chaqueta en un sofá y se sacó la camisa por fuera con la naturalidad de alguien acostumbrado a cruzar las fronteras invisibles que separan a los habitantes de la ciudad en todo tipo de tribus. Tiene cara de póquer, o de mus, que no es lo mismo, pero es igual. Se presenta sin dar mucha información: «Daniel García-Pita. Presente. Viticultor. Agricultor». Y tras unos segundos de una pausa larga en la que queda claro que falta un remate, explica cómo ha llegado a esto: «Me encanta emborrachar y engordar a la gente». Nos sorprende que no se haya definido como lo que es para nosotros, un jugador de mus, y el misterio se resuelve de inmediato. La noche anterior había perdido una partida y aún sentía un cierto rencor hacia los ganadores. Eso no cambia su idea del espacio que ocupa el mus en la amistad: «Me parece el más importante de todos. Para mí, son mis mejores momentos en la puta realidad».

Para quien no conozca el juego del mus, baste aclarar que tiene dos particularidades que atañen a este ensayo. La primera es que se juega en parejas, dos contra dos, y que las parejas de mus suelen ser viejos amigos, de esos que ya se entienden casi sin hablar. La otra es que, por lo general, no se juega por dinero, sino por una motivación algo más turbia: infligir a la otra pareja la vergüenza de perder y establecer una superioridad frente a los otros en atributos como la sagacidad, la inteligencia o la astucia. El que pierde en el mus sufre la humillación de pasar por alguien que se deja engañar fácilmente, lo cual puede llegar a resultar insoportable cuando los oponentes se regodean demasiado en su victoria. El mus se juega siempre con un amigo y, normalmente, contra otros dos amigos. Y ahí se abren al unísono, y en ejes cruzados de la mesa, dos espacios vitales de la amistad: el de cuidarse y el de despellejarse.

«Ganar a un amigo me parece un placer absoluto porque sé que me puedo reír de él sin que sea una humillación y sin que se lo tome a mal. Y puedo abrir todo mi espacio de maldad y recochineo. Con un desconocido no te puedes descojonar de él, ni decir que es un torpe, ni puedes cagarte en su madre si te gana». El mus, como su primo hermano rioplatense el truco, forma un espacio reglado para experimentar de forma segura la humillación y el despelleje del amigo íntimo, porque quien acepta sentarse a la mesa de juego firma un pacto no escrito con el que acepta las barbaridades con las que los adversarios tratarán de hacerle perder los nervios y enfrentarle a su pareja.

En el juego también se ejercita el vínculo con un elemento decisivo en la vida y en la amistad: el azar. Está el que se queja de la suerte cuando pierde o el amigo insoportable que clama virtudes estratégicas cuando gana. Un amigo, que se avergüenza hasta el punto de no querer decir su nombre, rompió la ventana de su casa en la calentura de haber perdido una partida de TEG (una variante del Risk), en la furia no por el resultado, sino por el debate teórico posterior sobre quién había jugado mejor, descontaminado de las causas y azares que dirimen el resultado.

El psicólogo Paul Piff encontró una manera de dejar registrada la universalidad de este asunto. Puso a cuatro personas a jugar al Monopoly sin que ellas supiesen que él manejaba en secreto el destino de la partida. Elegía azarosamente a uno de los jugadores y empezaba a trucar los dados para que cayese en la casilla justa o evitase las peores. Así, con la suerte a favor, el jugador elegido amasaba más y más propiedades, y entonces sucedía lo inevitable: empezaba a dar lecciones a todos sobre cómo jugar al Monopoly; enumeraba sus aciertos y explicaba los fallos de los otros, esos lugares tan claros donde habían tomado la decisión equivocada. Más adelante, comenzaba a explicarles cómo criar a sus hijos y aconsejaba sobre los errores que cada uno estaba cometiendo en sus vidas, así como los que cometían el presidente y los ministros en la gestión de gobierno. Por si eso fuese poco, se adueñaba de las bebidas y canapés, que eran un bien público de la mesa. Los ofrecía con generosidad a los mortales que no alcanzaban su maestría estratégica. Piff no ha aplicado su experimento a un grupo de amigos. Pero todos lo hemos hecho. El juego nos enseña, a patadas y rabietas, a apreciar las buenas cartas que muchas veces nos tocan en la vida sin creernos mejores por una buena racha ni peores por una mala. Por eso no es extraño que Pita, versado y curtido en el mus, con horas y horas de sufrimiento, con noches de éxtasis y otras amargas, tenga una visión muy afinada sobre el rol de la fortuna: «Es que perder me duele mucho, es la realidad. Me jode que me ganen los que no creo que sean mejores que yo. Pero hay que reírse de la fortuna y hacerla tuya. No te puedes quejar de la suerte. Es que quejarte es muy rancio. A veces tienes cartas, a veces no las tienes. Hay que pelearse con lo que tengas».

Con la pareja de mus se comparte la alegría y la derrota, lo bueno y lo malo. Se confía, se coopera, se respira el mismo aire, se aprende a comunicar con gestos y miradas, en un lenguaje privado de los amigos que luchan juntos, de ahí que el juego sea un terreno tan importante, porque es un sitio idóneo para sincronizarse. Se perdonan errores, se arman pequeñas broncas y, por más que tu pareja vuelva a hacerte perder, seguirá siendo tu amigo.

Si se rompe ese vínculo se pierde la fuerza de la pareja, que funciona porque hay cuidado entre uno y otro. Por eso algunos jugadores taimados aprenden la manera de enfrentar a la pareja rival y quebrar su complicidad. «Tenemos un amigo que se llama Emilio Rotondo, que es el más hijo de puta y el mejor de todos nosotros jugando al mus». Su especialidad es sembrar cizaña en la pareja contra la que está jugando. Como el tiburón que detecta una gota de sangre en medio del océano, él advierte el gesto que delata algún reproche entre los rivales, y es entonces cuando comienza a entrometerse, a buscar la grieta para quebrar el pacto de amistad de la pareja contraria, adulando a uno y atacando al otro en una invasión psicológica exterior: «Con lo bien que jugarías con cualquier otro… Si mi pareja me hiciera algo así, me levantaba de la mesa».

No es casual que Emilio sea tan hábil en el empleo de estos argumentos desestabilizadores, a fin de cuentas, ha sido durante muchos años un gran abogado. Nosotros nos atrevemos a sugerir la idea contraria, que ha sido un gran abogado precisamente por sus años de formación en la escuela del mus. Y es que muchas de las reglas de la convivencia humana se aprenden en el juego, que es el medio en el que los amigos nos permiten dibujar en un terreno seguro los límites de lo tolerable en el humor, en la broma y en la rivalidad, y la capacidad de perdonar.

Amistad y sexos

En su célebre ensayo *La amistad*, el filósofo renacentista Michel de Montaigne se muestra escéptico sobre la posibilidad de la amistad entre hombres y mujeres, pero tiene la lucidez de sugerir que quizá sea algo circunstancial de su época y que, en el futuro, este tipo de amistad sería posible. Él mismo da cuenta de ello, ya que hacia el final de su vida desarrolla una relación de confianza intelectual con Marie de Gournay, a la que encomendó la edición final de sus ensayos y a la que legó su biblioteca. Si bien desde los *ojos de hoy* puede parecer algo pacata la puesta en duda de Montaigne sobre un vínculo real de amistad entre hombres y mujeres, conviene recordar que esto ya era un neto avance respecto de la visión de Aristóteles, que en su *Ética* ni siquiera menciona este vínculo como posible entre las numerosas formas de amistad que contempla.

Se ve que el tema de la amistad entre hombres y mujeres, tan propicio a opiniones y convicciones individuales, sigue generando bullicio tantos siglos después, porque apareció sin que nosotros lo invocásemos en casi todas las conversaciones de nuestro banquete. Hemos tenido las opiniones más diversas y disparatadas, que han ido llenando el espectro de soluciones posibles y que han hecho imposible cualquier intento de promediarlas o de resumir en un solo valor o idea la diversidad tajante expresada en solo cinco días por setenta y cinco personas.

El frutero del mercado de Chamartín, con el que ensayamos la pregunta antes de llevarla a la mesa de Tetuán, fue categórico. Es imposible. Algo parecido opinaba Luis Burgos en lo que pensó que era un reflejo representativo de esa generación de bilbaínos, aunque su compañero de mesa, de los mismos pagos y más años, lo refutó contando que tenía unas cuantas y buenas amigas. La actriz Marta Nieto dijo que tenía a raudales, pero luego, en retrospectiva, se dio cuenta de que casi todos eran exnovios u homosexuales, y luego encontró alguna otra excepción, como los novios de sus amigas, a los que no miraría nunca desde la interferencia del deseo. Siguió su idea con una amiga del teatro, que afirma que, para ser amigos, primero hay que conocerse, luego follar y, ahí sí, ser amigos. Leonor Watling reconoce que en la amistad entre hombre y mujer heterosexuales es inevitable que en muchos casos aflore la tensión sexual, aunque esa tensión es buena y no impide de ninguna manera la amistad. Lo cierto es que el mejor amigo de Leonor y compañero de banda durante muchos años es su ex. Y no está sola en esto entre nuestras invitadas. El mejor amigo y productor musical de la cantante Ana Fernández Villaverde, más conocida como La Bien Querida, es también su exmarido. Dice que a ella le parece de lo más natural que un hombre y una mujer sean amigos, pero que entiende que mucha gente piense que no. Le preguntamos si alguna vez se encontró con algún malentendido en ese sentido y nos cuenta que «de día no. Quizá de noche sí». La escritora catalana Laura Ferrero expresa todas estas disonancias: «Todos queremos creer en la amistad entre el hombre y la mujer, pero luego soy contradictoria: hay días que me levanto pensando "ni en broma" y otros que digo "sí, con todo"». Dice que ha tenido algún amigo íntimo que no le gustaba, pero que le hizo pensar si «no sería más fácil dejar al imbécil con el que estoy saliendo e irme con él». Cuando conecta con un amigo siente que es un milagro que requiere cuidado, tanto que trata de no ponerse en una situación de demasiada desinhibición: «Por eso yo tomo agua con gas. Para controlarlo todo».

Jorge Drexler cree que la transparencia en la amistad es una aspiración típica de la adolescencia, cuando el mundo está lleno de verdades absolutas: «Por eso creer que no se puede tener un amigo del sexo que te gusta es un mito tan arraigado en la adolescencia. Cuando va pasando la vida, te vas dando cuenta de que todas las relaciones de amistad tienen algún tipo de tensión. Si aprendes a pasar por encima de esas tensiones, puedes ser amigo de quien quieras». Jorge nos da una pista para quitarle peso a este asunto: pensar que el deseo sexual es apenas una forma más de tensión, una de las tantas que experimentamos en la amistad, como la política o la religiosa, o de los intereses que a veces se inmiscuyen en ella.

En fin, que el concierto de disparidades sigue, pero lo que está claro a partir de nuestros pocos datos es que es un buen lío, que es un tema central de la amistad, pero que puede tomar todos los signos y formas que uno pueda imaginar. Hay un consenso en que el deseo sexual pone a prueba la amistad. Y luego cada uno resuelve esta circunstancia evitando este tipo de relaciones para esquivar la prueba, dirimiendo en una noche de sexo si se trata de una amistad o de un amor, o aceptando esa tensión como una de las tantas pruebas sobre la que se construye la amistad. Estas preferencias varían según la época, el lugar, la gente, en fin, están contaminadas e informadas por la cultura en la que estamos insertos. En el momento en que somos capaces de reconocer esto, descubrimos que hay un amplio margen para que cada uno haga sobre este asunto de la amistad lo que se le dé la gana.

En la ficción se suele usar la tensión sexual para generar expectativa; el beso esperado entre dos personajes que hace que el espectador no se despegue de la pantalla hasta ver la resolución de ese deseo reprimido. Es común que esta narrativa se reproduzca como una fantasía o una ideación en nuestra propia vida, y las consecuencias pueden ser de lo más curiosas. Edward Lemay y Noah Wolf diseñaron un estudio científico en el que preguntaron a personas si sentían atracción sexual hacia alguien con quien mantuviesen una relación de amistad. Muchos de los participantes dijeron que sí, pero esto no es muy sorprendente, es apenas una confirmación estadística de algo que intuimos todos. El verdadero descubrimiento es que, si bien en la mayoría de los casos el deseo no es recíproco, la persona que desea a un amigo suele creer, erróneamente, que su amigo también lo desea. Y aquí está la ironía: esta distorsión de sentimientos hace muchas veces que el que siente el deseo, envalentonado por esta falsa ilusión de reciprocidad, se ponga en acción y termine dándose un encuentro sexual que no hubiese sucedido de no haber existido esta miopía en la percepción del deseo.

Hay historias reales que tienen todas las papeletas para inspirar una comedia. Eli Abad, psicóloga y directora de una residencia de ancianos en Guipúzcoa, nos contó una en la que el sexo y la amistad irrumpen, ni más ni menos, que cuando su marido, el chef David de Jorge, también conocido como Robin Food, estaba al borde de la muerte: «A David lo acababan de operar del estómago y estaba en la unidad de cuidados intensivos, hecho una mierda, amarillo, lleno de tubos, fatal. Y estaba allí su madre con él y conmigo, acariciándole

—bueno, agobiándole— como una buena madre y David me pide: "Eli, di por favor a mi madre que se vaya y dile a Virginia que venga". Virginia es una amiga nuestra que es un puntazo de tía y que había venido a acompañarme esa noche en Vitoria. Llevé a mi suegra afuera, le pedí a Virgi que entrara y, cuando volví, la encuentro como vistiéndose y le digo: "¿Pero qué coño haces?". Y me dice: "Nada, que me ha dicho que igual de esta se moría, que a ver si podía pedirme algo. Y yo le dije que por supuesto que sí. Y el hijo de puta me ha pedido que le enseñe las tetas y pues… ¿qué voy a hacer?". Pues eso es un acto de amistad por parte de Virginia y por el cabrón de David. Y por mí, que me hizo una gracia del copón, porque yo también se las habría enseñado, claro».

Eli nos recuerda, con esa historia en la sala de cuidados intensivos de un hospital, que por más que los textos más célebres sobre la amistad la presenten como una forma de amor pura y sin sexo, lo cierto es que no es tan raro que ambas cosas se mezclen. Por ejemplo, cuando los amigos exploran juntos el placer sexual como una actividad lúdica, en ausencia de deseo por el otro. De esto nos habló uno de los invitados al banquete, al que llamaremos Tornasol, ya que tiene una extensa colección de muñecos de los cómics de Tintín. Él no tuvo reparo en dar su nombre, pero cuando compartió la primera versión de este texto con los amigos a los que menciona en su entrevista, recibió la petición de que usara un pseudónimo. Tornasol nos contó que, al principio de su adolescencia, él y sus amigos tenían la costumbre de masturbarse juntos. En la edad adulta la mayoría de nosotros no estamos cómodos rememorando episodios como ese. Él, sin embargo, asegura que no le «avergüenza para nada lo de las pajas colectivas, sino que me parece una de las cosas de la amistad más bonitas que teníamos. Era inexplicable. O sea, estábamos ahí, no había nada [entre nosotros], pero era bonito... Yo le conocí la polla a este tío a los a los doce y se la he visto desde entonces quinientas veces». Estas pajas colectivas se producían en el seno de un grupo de amigos en la temprana adolescencia, mientras veían películas pornográficas y, otras veces, simplemente en los descansos de los partidos de la Eurocopa de 2008. Tornasol reconoció a sus amigos del colegio, que aún siguen siendo cuadrilla, su homosexualidad, pero en los tiempos en que veían porno y se masturbaban sentados delante del televisor, cuenta que jamás sintió deseo por los amigos que le rodeaban con sus miembros erectos en sus manos: «En esa época no lo tenía claro para nada. De hecho, las películas que veíamos eran heteronormativas, aunque yo quizá ya estaba mirando pollas —dice—. Para mí había algo muy de unión, una cosa *muy muy* relajada».

Mariana Noé está haciendo un posdoctorado en Harvard sobre ética y filosofía antigua. Cuando la convocamos, lo hicimos con un ánimo indisimulado de hablar sobre la amistad y el sexo, porque, en su afán por ejercer en primera persona la virtud que estudia de los antiguos, ha puesto en marcha varios experimentos para investigar su sexualidad. Su ensayo más célebre empieza con una pregunta bastante simple pero que, una vez puesta sobre la mesa, es bastante más intrincada de lo que creemos: «¿Por qué "cogemos"?».

Después de una relación de años y de una soltería en la que llenó sus noches de encuentros sexuales esporádicos, un día paró: «Cité tres veces a un alemán que estudiaba en Columbia y me di cuenta de que en cada encuentro estaba llenando un espacio que, si no, lo hubiese llenado la ansiedad.

Era como comer chocolate». Tituló este experimento sin titubeos, «Basta de coger», y comenzó un celibato voluntario para observar, en un ejercicio introspectivo, cómo se transformaba su cuerpo, sus ideas y el deseo. En ese viaje convocó a sus amigas como auditoras, según escribe en su ensayo: «Asustada, les pedí que por favor me avisaran si me ponía irritable o agresiva». Cuando experimentamos con el sexo, igual que con las drogas u otras cosas, solemos depositar en los amigos un papel de vigilantes. Aquellos que, si nos extraviamos en el camino, hagan un *reset* a nuestra *configuración* original y nos garanticen un regreso a nosotros mismos.

No sorprende que Mariana haya embarcado a sus amigas porque, según nos cuenta, es parte de una minoría que cultiva amistades aristotélicas: «Los amigos son la barrera de contención antes de chocarse con la familia o la sociedad, son el hábitat para ejercer la virtud y lograr ser una buena persona. Cuando yo tenía doce años no había besado a nadie, y el primer beso me tenía nerviosa. Mi amiga me dijo: "Mirá, nos besamos nosotras y así ya está hecho". Y nos dimos un pico en la entrada de su casa». Ese primer beso no es sexual, pero sí es una iniciación, en el ámbito de la amistad, que nos prepara para la sexualidad. «Cumplimos con Aristóteles, el primer círculo fue el de la amistad y, recién después, el del amor romántico».

Mariana fue descubriendo su orientación sexual, como casi todos, en medio de una gran confusión: «Tenía unos trece años y estaba esta chica que no conocía, y mi mirada se posaba en ella, y lo primero que pensé era que debía odiarla. Con el tiempo, mucho tiempo, me fui dando cuenta de que me gustaba. En ese momento no lo compartí porque no me sentía a la altura de la bisexualidad, sin haber ejercido nada, ni haber besado a nadie». Por humildad, no se atrevía a atribuirse ese término tan honroso hasta que empezó a hablarlo con la misma amiga con la que había ensayado un primer beso; ella le contó un sentimiento parecido y así, en la conversación, fueron encontrando quiénes eran. Es que, entre las amigas aristotélicas de Mariana, la sexualidad no aparece con ánimo de compararse —«Eso de medirse y aplaudir la proeza ajena es muy de los varones, que tienen el ranking en la piel»—, sino de empezar a descubrir lo que una es, viendo lo que es la otra.

Mariana y Tornasol dan cuenta de la influencia de nuestros amigos en el inicio de la sexualidad, tanto en la conversación como en la exploración conjunta. Estos ejemplos resuenan en la literatura científica, que muestra que suele ser sobre todo en la conversación con amigos donde se van estableciendo las pautas, las formas y los tiempos de las primeras experiencias sexuales en la adolescencia.

El bar del Congreso

Tiene una melena rubia larga y suelta, viste vaqueros y una camisa con las mangas remangadas por donde asoma un tatuaje en su antebrazo que dice «Here Comes the Sun». Habla con seguridad, incluso con una cierta rudeza, y mientras se relaja ante el micrófono empieza a aumentar el número de palabras malsonantes con las que apuntala sus frases. No le es tan fácil relajarse cuando se siente grabada, sabe que todo lo que diga podrá utilizarse contra ella cuando menos se lo espere. Aurora Nacarino-Brabo se presenta con contundencia: «He desempeñado algunas de las profesiones más denostadas de este país.

Me he dedicado al periodismo, a la ciencia política y ahora a la política. Con lo cual, salvo la de controlador aéreo, creo que no me quedan profesiones más odiosas que practicar».

Más de una vez hemos comprobado que al llegar a un concierto o a una cena, siempre provoca un momento de cejas arqueadas cuando alguien le hace la odiosa pregunta de «Y tú, ¿a qué te dedicas?». Ella se limita a decir que es diputada, no especifica de qué partido, sospechamos que disfruta de ese momento de tenso suspense en que su interlocutor se aventura a averiguar su signo político a partir de su apariencia y juzgando por el contexto donde se desarrolla el encuentro. Le preguntan si es de Sumar, o del PSOE, casi lo dan por hecho. Ella ríe y aclara que es diputada del PP, y entonces su interlocutor o bien disimula como puede su disgusto al descubrir que está frente a alguien cuyo trabajo es defender lo que uno aborrece, o bien celebra con alivio que se encuentra ante la persona que representa su voto. Si esto que le pasa a Aurora en la vida real fuera una obra de ficción, sería un buen ejemplo de un recurso literario muy efectista que Aristóteles en su *Poética* llama anagnórisis (en griego quiere decir «reconocimiento»), mediante el cual un personaje principal revela su identidad hasta entonces oculta o velada a otros personajes secundarios para cambiar, de ese modo, la relación con ellos, pasando normalmente de una conexión débil o inexistente (un mendigo o un simple huésped desconocido) a una conexión fuerte (el hijo de un enemigo que clama venganza, el retorno de un rey por largo tiempo ausente, etcétera), y de esa manera se produce un punto de giro en la historia que la hace avanzar hacia su desenlace.

En una cena donde hay desconocidos suele haber una fase de prudencia en la que tratamos de postergar o evitar la ostentación de nuestra ideología, pues en ese momento, cuando aún estamos tratando de tender puentes y pasar un buen rato juntos, ver en el de enfrente a un adversario amplía las zonas de fricción por las que discurre la charla. En determinadas circunstancias —la proximidad de unas elecciones, la tramitación de una ley polémica, un escándalo de corrupción—, ese descubrimiento de las ideologías de los comensales puede introducir una tensión que haga del todo imposible el desarrollo amigable de la velada. «A la mayoría de nosotros la gente no nos enseña cara y ojos, sino el perfil y la espalda —dice Emerson en su ensayo de la amistad—. Casi todos los hombres que conocemos requieren cierta cortesía, necesitan que les sigan la corriente; tienen algún ídolo, algún talento, algún capricho religioso o filantrópico en su cabeza que no debe ser cuestionado y que arruina toda conversación con él».

Afortunadamente para Aurora, y para todos, cuando se retrasa la anagnórisis, hay tiempo suficiente para dejar que actúe la química del carbono y conectar a través de aquellas impresiones inmediatas que determinan que uno «caiga bien», a saber, su tatuaje de «Here Comes the Sun», el humor lenguaraz y sin tapujos de Aurora, su ánimo de festejar, su gusto por la música, su capacidad de analizar la política con más cabeza que corazón. Más de un comensal de nuestro banquete que se declara abiertamente de izquierdas, al descubrir ya entrada la noche que está sentado junto a una diputada de un partido de derechas, celebra haberla conocido y comenta: «Ojalá hubiera más gente del PP como tú». Cuando uno ha tenido el tiempo suficiente para caer bien, obtiene la indulgencia para un disentimiento cordial en el terreno de las ideologías, que pasan pronto a un segundo plano, porque generalmente preferimos caminar en el terreno compartido en el que se produjo este encuentro: el del vino, la buena mesa, la narración de anécdotas y las risas, que es donde florece la amistad.

Jorge Bustos a menudo evita esos terrenos porque, si se adentra demasiado en ellos, teme hacer mal su trabajo. Es subdirector del periódico *El Mundo* y una de las voces de la COPE; estudió Filología Clásica, le encanta hacer crítica literaria y escribir crónicas, pero desde que gobierna el socialista Pedro Sánchez dedica casi todas sus columnas, duras e inmisericordes, a cargar contra él y su gobierno, algo que él mismo reconoce que empieza a ser cansino y obsesivo. En todo caso, asume como un deber con sus lectores ejercer una crítica sin piedad.

Bustos teme hacerse amigo de un miembro del gobierno de Sánchez, pues eso comprometería su capacidad de crítica al poder. Es un tipo educado, de trato amable (algo que quizá sorprenda a los que solo le conocen por Twitter) y un conversador versátil con muchas lecturas a cuestas; sabe que si acepta la invitación a comer de un ministro correrá el riesgo de que le caiga bien: «Me ha pasado en el último año que he comido con personas muy cercanas a Pedro Sánchez o con independentistas. Ahora les sigo criticando, pero intento ser más ajustado en mis juicios porque me cayeron bien». Incluso muy bien, hasta el punto de que nace el deseo de hacerse amigos. Lo sabe porque ya le ha pasado con un ministro, que admira su escritura y que le pidió un encuentro discreto en el Congreso, casi clandestino, para que le firmara su último libro.

El Congreso es un lugar donde ocurren ese tipo de encuentros amigables entre adversarios que proyectan ante las cámaras o en redes sociales un enfrentamiento descarnado.

A fin de cuentas, trabajan todos en el mismo sitio, se encuentran en los despachos y se cruzan por los pasillos y en la cafetería. Los días de pleno se abre un bar exclusivamente para los diputados, donde no entran periodistas ni nadie más. Allí se relajan después de sus debates e intervenciones y tienen un trato privado más cercano que no captan las cámaras. Aurora recuerda que una vez se filtraron unas fotos de Pablo Iglesias, el líder de Podemos, y de Albert Rivera, líder de Ciudadanos —dos partidos totalmente antagónicos en sus postulados— tomándose un café juntos y hablando con mucha cordialidad. Las fotos causaron un gran revuelo en redes, se les acusaba a los políticos de representar un teatro, se decía que se pegaban duramente cuando tenían delante las cámaras en el Congreso y después, en secreto, resulta que eran amigos, que la agresividad aparecía o desaparecía en función de si había público o no. «¡Coño, pues que no os dais cuenta de que eso es un síntoma de progreso! —dice Aurora con vehemencia—. Si eso no sucediera, entonces estaríamos en la Guerra Civil. Está muy bien que tú tengas que subirte a la tribuna y decirle al del otro partido todas las cosas en las que no estás de acuerdo con él y que luego también seas capaz de escindir esa parte política, ideológica, profesional si se quiere, y separar a la persona y decir: "Yo con este tío, aunque no le vaya a votar en mi vida, pues tengo algo de lo que hablar o algo que compartir. Incluso podemos ser amigos"».

La familia de Peru es vasca y, aunque él vive en Madrid, pasa temporadas en Lequeitio y sabe bien lo que es vivir en una tierra en la que durante mucho tiempo se extorsionaba o se asesinaba al que no comulgaba con las ideas del nacionalismo radical. En esta sociedad tan enfrentada, donde hoy aprenden a convivir y a tolerarse grupos con concepciones políticas radicalmente opuestas, Peru encontró una solución para acercarse cordialmente a los nacionalistas con ideologías extremistas que le resultaban intolerables, aquellos que siguen siendo incapaces de condenar a ETA. Él se imaginaba la cabeza de estas personas como esos pisos de Airbnb que alquilaba a veces, donde el propietario de la casa deja un cuarto cerrado con candado en el que esconde las cosas que no quiere compartir con desconocidos. Por si el cerrojo no fuese suficiente, suele haber una nota que advierte que ahí dentro no puede pasar nadie. Peru veía en ese cuarto cerrado una metáfora del sitio donde estaba la ideología y tomaba como propia la indicación de no abrir esa puerta y permanecer siempre en las zonas abiertas de la mente, donde cualquiera, por muy radical que sea, está dispuesto a acoger al otro, por así decirlo, el salón, la cocina o la terraza del alma. Con el tiempo, Peru descubrió que esta solución vale también para acercarse a cualquier persona que albergue algún credo sectario que en un punto le resulte del todo irracional, como aquellos que profesan la religión de una manera fanatizada o que puedan llevar el prefijo ultra en cualquiera ideología.

A veces ese cuarto cerrado se llena de tantas frustraciones, banderas y pancartas que el cerrojo revienta, la puerta se desvencija y todo lo que estaba guardado inunda el resto de la casa hasta expulsarnos de ella. Iván Abanades se presentó al banquete diciendo: «Soy Iván, nací en Madrid y he vivido en muchos sitios». Recuerda con gesto muy grave uno de esos momentos en que el cuarto cerrado se abre y se desborda lo que hay dentro. Ocurrió cuando fue al encuentro de sus amigos íntimos de Barcelona después de una larga estancia en Miami, tras los años más turbulentos del *procés* catalán que en 2017 culminó en la fallida declaración unilateral de independencia, las cargas policiales y los arrestos de políticos independentistas. Iván tiene grandes amigos desperdigados por todos los lugares en que ha vivido, entre ellos Barcelona, con los que procura mantener el contacto. Moverse por entornos con idiosincrasias tan opuestas le ha hecho muy tolerante con las diferencias y muy poco aferrado a cualquier tipo de conciencia nacional; por eso siempre pensó que, por muy calientes que estuvieran los ánimos en Cataluña tras los sucesos de 2017, la política se quedaría siempre en un plano que no interferiría con la amistad, como había sido siempre. No fue así. Iván comprobó que algo se había transformado durante su ausencia, que los amigos que dejó llegaban con unas cicatrices emocionales que les impedían verle sin el filtro de la ideología. La visita a Barcelona se le hizo larga y amarga, las conversaciones en la cena acabaron en discusiones sobre el mismo tema, y esas discusiones terminaron en gritos. Jamás había oído a su amigo gritarle. Algo se había roto en esa polarización extrema, no había ya ni rastro del nosotros; Iván había sido expulsado y era ya parte de los otros.

Estos procesos de polarización extrema afectan a unas generaciones mucho más que a otras. Los niños y los mayores suelen estar al margen, bien porque no tienen conciencia política todavía, bien porque ya lo han visto todo en el teatro del mundo y saben que al cabo de la vida no hay tanta correlación entre ideología y virtud, han tenido tiempo de ver a gente noble y a gente corrupta de cualquier credo y han aprendido a no escatimarle admiración o reconocimiento a aquellos que con idearios opuestos a los suyos han sido gente ejemplar.

De este aprendizaje de la edad nos hablan en la segunda cena de nuestro banquete Hugo Sigman, de ochenta años, y Silvia Gold, de setenta y cinco, una pareja de argentinos que se sienten «tremendamente afortunados de que aún en esta edad vivimos llenos de proyectos». Silvia nos cuenta: «Nacimos en una posguerra, un mundo que iba a ir a mejor. No podía ir a peor. Para cada persona, los buenos y los malos eran clarísimos. En nuestra generación lo ideológico marcaba los gustos, y también los amigos». Hugo la mira con una sonrisa, se acuerda bien de esos tiempos, y dice: «En este momento de mi vida he dividido entre la ideología y la calidad de las personas», y nos cuenta cómo han terminado llevándose muy bien con un médico numerario del Opus Dei jubilado, porque al final de todo lo que han entendido es que ese hombre trabajó honestamente en el cuidado desinteresado de personas enfermas, es decir, «por el bien común». Silvia añade: «Puedo ser amiga de alguien sin importar si es de derecha o de izquierda. Ya no sé ni qué quiere decir exactamente cada cosa». Este asombro que manifiesta Silvia es un aprendizaje de la edad; alcanzar a ver a las personas sin certezas, sin dogmas ni etiquetas.

La ideología que expresamos es una suerte de disfraz, una máscara que se va erosionando con la edad. Las promesas y los ideales van pasando por la criba del tiempo y la gente ya no se identifica por lo que promete, sino que se reconoce netamente por lo que ha sido. Las cosas que han hecho y las que han dejado de hacer, cómo han querido, cómo han sido con sus amigos, cuándo han estado y cuándo han faltado. En fin, lo que han hecho con su vida misma.

Tolerarse, aceptarse y extenderse

Aprender a no mirar lo que conviene no ver de los demás es una buena estrategia para conectar con su parte luminosa y conseguir de esa manera que nos resulten tolerables. Esto parece deseable, porque nos vuelve cordiales y porque, en general, la tolerancia tiene buena prensa, pero durante nuestra charla el filósofo Jorge Freire proclama de manera provocadora que, en lo que a la amistad se refiere, está manifiestamente en contra: «La tolerancia tiene sentido en la consulta del endocrino, cuando tú toleras algo o no lo toleras, como la lactosa... Sin embargo, el respeto es otra cosa. Significa que miras a alguien y lo aceptas en su totalidad, y no: "Te tolero hasta cierto punto, pero si opinas de estas cosas te dejo fuera". O sea, no puede haber una amistad tolerante, no puede haber una amistad que ponga cortapisas o que ponga límites. La amistad, entre otras cosas, supone asumir a la otra persona tal cual es».

Jorge Freire propone esto como un segundo piso, más exigente pero más elevado de la amistad. Mirar la contradicción y aceptarla porque forma parte de un todo que nos place. Podemos llevar esta idea aún más allá para construir un tercer nivel de la amistad en el que, quien piensa diferente, no ha de ser acogido con un ejercicio de tolerancia, ni siquiera con otro más esforzado de aceptación plena, sino que conviene abrazar su antagonismo porque nos nutre y nos fortalece.

Marta Nieto tiene una voz, una elegancia en el gesto y una belleza tan poco comunes que la primera conjetura de alguien que la ve por primera vez suele ser siempre la correcta: es una actriz. Vino apurada, nos dijo que probablemente llegaría tarde pero llegó a tiempo, tarda semanas en responder un mensaje, va con la prisa metida en el cuerpo. Acababa de terminar de dirigir su primer largometraje, *La mitad de Ana*, y está en esa agotadora fase de promoción que consiste en pasear la película por festivales antes de su estreno y atender a la prensa. En cuanto se sienta, de repente se relaja y el espíritu de la prisa la abandona por unos momentos. Antes de que podamos preguntarle nada concreto sobre la amistad, ella viene ya con una idea. O, más bien, con un par de personajes y un cuento. «¿Os acordáis de *La épica de Gilgamesh*?».

Nos acordamos. No es un texto cualquiera, sino que se trata de lo que muchos consideran como la épica fundacional de la literatura universal, escrito en Mesopotamia hace cuatro mil años. «Gilgamesh era un rey déspota y poderoso al que nadie le hacía sombra. El pueblo, harto, les pide a los dioses que encarnen a alguien que le haga frente y entonces envían a Enkidu, un salvaje de muchísima fuerza. Se ponen a luchar a muerte, en una gran batalla delante de todo el pueblo, y en esa batalla Gilgamesh descubre que Enkidu es el único que es igual de fuerte que él. Entonces da un paso atrás, le mira y se echa a reír y lo llama amigo». El verdadero amigo, como nos cuentan los filósofos de la Antigüedad, y como nos explica alguno que pasa por aquí y jamás leyó a un filósofo, es alguien que debe ser capaz de presentarnos oposición, de frenarnos, de sujetarnos el puño y de rebatirnos la idea. De no perder el pie frente a nosotros y mantenerse en el mismo plano. En ese sentido, el amigo es a veces nuestro rival o, como le pasa a Gilgamesh, el rival se convierte a veces en nuestro amigo, porque lo cierto es que un rival a la altura nos hace crecer más, nos empuja más lejos y nos permite extender nuestros límites. Gilgamesh se une a Enkidu para acometer un objetivo ambicioso, ir a un legendario bosque de cedros en busca del monstruoso Humbaba, un temible semidiós, para matarlo y establecer así su fama eterna: marchando juntos, los dos viejos rivales estrechan su amistad y se atreven con un reto mayor.

La historia de Gilgamesh y Enkidu no es muy distinta a la de las grandes rivalidades del deporte, del arte, de la ciencia o del mundo empresarial. Qué sería de Nadal sin Federer, ambos son rivales, representan estilos completamente distintos, pero al mismo tiempo son pares y necesitan enfrentarse el uno al otro para poder ir más lejos y hacerse mejores. Los Beatles hicieron mejores a los Rolling Stones, Katherine Mansfield a Virginia Woolf, Ferrari a Mercedes, Camillo Golgi a Santiago Ramón y Cajal… En esta forma de la amistad, los amigos no caminan uno al lado del otro, como suelen hacerlo, sino que intentan con todas sus fuerzas ponerse uno delante del otro para empujarse y, así, extenderse.

Marta identifica en la historia de Gilgamesh una idea original, la del amigo-rival. La desarrolla más y la pasa a un plano mental para hablar de aquel amigo que resuena en nuestra forma de pensar aun siendo completamente antagónico. Es decir, que razona con el mismo rigor que nosotros, ahí se gana nuestra empatía, pero luego llega a ideas muy distintas, y con eso se gana nuestra curiosidad.

Desde ahí extiende nuestra propia realidad, el alcance mismo de lo que percibimos, y nos hace reaccionar a cosas que no habríamos visto sin ellos: «Si a mí me gusta cómo piensa alguien, quiero entonces estar presente y saber qué opina de las cosas, cómo mira el mundo, cómo refleja o impacta en esa cabeza el entorno o la situación. A mí me apasiona porque al final una actriz hace esto. Intentas meterte en otros puntos de vista». Quien se rodea siempre de gente que siente y cree parecido termina por perder completamente esa habilidad que tienen las actrices como Marta de poder ver el mundo desde los ojos del otro y, al hacerlo, se niega a sí mismo la capacidad de ensanchar su realidad con lo que le brinda el amigo antagonista. El amigo del que Emerson dice: «Guárdalo como tu contraparte. Que sea para ti por siempre una especie de bello enemigo, indomable, devotamente reverenciado y no un ser cómodo e intrascendente, que pronto se superará y se dejará de lado».

Laura Ferrero es catalana, escribe en castellano y tuvo un novio nacionalista vasco. Conoce bien las asperezas de la confrontación de opiniones y de ideas y cómo se inmiscuyen en todos los vínculos, desde la pareja hasta la familia o la amistad. En ese barro ha desarrollado una idea muy clara sobre cómo prefiere convivir con ellos: «Me gustaría pensar que estoy en ese tercer nivel del que me habláis, en el que puedo extenderme a través del otro. Siempre he pensado que soy como una psicoanalista frustrada, me interesa pensar lo que le ha pasado a la gente en la vida para llegar a las ideas que llegan». Laura sugiere que, de la misma manera que vemos zonas intransitables en los demás, conviene ser conscientes de que estos también identifican otras zonas ásperas en nosotros, cuya oscuridad somos incapaces de reconocer.

Laura y Marta se refieren, sin nombrarla, a la teoría de la mente, la habilidad que nos permite entender que cada cual tiene sus sesgos, su información acumulada, y que solo desde esa perspectiva pueden entenderse sus intenciones, sus deseos, las razones por las que hace lo que hace y piensa lo que piensa. Es una idea de la psicología que se entrena y se pone a prueba especialmente en la amistad. La teoría de la mente se construye a partir de dos elementos casi antagónicos. Primero, que cada cual tiene una mente, un espacio propio de razonamiento; en eso nos asemejamos. Y segundo, que cada uno ejerce ese razonamiento desde la coyuntura particular de su experiencia y perspectiva; en eso nos diferenciamos. Laura ejerce plenamente esta facultad cuando nos cuenta: «Al final es que me dan igual las diferencias. Lo que me interesa es encontrar buenos interlocutores. Y cuando encuentras a alguien que te está mirando y te está entendiendo, es un milagro. Es un poco como cuando te enamoras». Ese interlocutor es el Enkidu que encuentra Gilgamesh, el que habla el mismo idioma y piensa distinto quizá porque ha visto otras cosas: «Puede ser que vengas de un lugar distinto y por eso piensas lo que piensas. A mí lo que me gusta es tratar de entender por qué una persona piensa tan distinto a mí. Entender su lugar oscuro. La amistad es tratar de descubrir desde dónde habla otra persona».

Nuestra metáfora de los tres pisos de la amistad —tolerarse, aceptarse y extenderse— encuentra eco en una idea de un monje sajón del siglo XII, Hugo de San Víctor, cuando piensa sobre otro vínculo de pertenencia, el de la patria: «El hombre que siente que su patria es dulce todavía es un tierno principiante; el que piensa que toda tierra es como la suya ya es fuerte; pero perfecto es quien siente que todo el mundo es una tierra extraña». Podríamos decir, tomando prestada su progresión, que «el amigo que siente que puede tolerar al otro todavía es un principiante; el que descubre que puede aceptarlo íntegramente ya es fuerte; pero perfecto es quien entiende que puede crecer en las diferencias».

Abandonar a un amigo

El tema de la traición al amigo tiene una honda raigambre en la cultura occidental, toda vez que Jesucristo —ese Dios que se hace hombre y vive junto a sus amigos— muere precisamente porque le traiciona Judas Iscariote por un puñado de monedas. La representación de la última cena, en el preciso instante en el que Cristo anuncia que uno de los comensales le ha traicionado y Judas esconde a la vista de los demás la bolsa de monedas, es un tema inmensamente popular en la pintura europea. También es muy común en la pintura el tema de la oración en el huerto de Getsemaní, donde Cristo reza solo, sabiendo que morirá al día siguiente, y sus amigos duermen a la intemperie, salvo Judas, al que su traición no le deja pegar ojo. En el Nuevo Testamento se cuenta que, tras la traición, Judas trata de devolver esas monedas, nadie se las acepta y las arroja en el templo. Más adelante, desconsolado por lo que hizo, se ahorca. Trece siglos después, Dante, en su *Divina comedia*, reserva el último círculo del infierno a Judas, el peor y más imperdonable de todos los pecadores, al que asigna como castigo ser masticado eternamente por las fauces de Satanás. La vida no es fácil tras haber sido traicionado, pero seguramente sea mucho más difícil vivir siendo un traidor.

Quizá porque la traición al amigo está tan sancionada por la literatura, la pintura, la religión y, en fin, por la cultura, en todas nuestras conversaciones en la nave solo dos personas reconocieron haber traicionado, y aun en estos dos casos lo que se confesaron fueron traiciones cometidas en la adolescencia, que, como crímenes, puede pensarse que ya han prescrito. No hace falta tener una enorme pericia matemática para entender que hay un problema en esta ecuación; no puede ser que todo el mundo se haya sentido traicionado alguna vez, pero que nadie traicione. Es una singularidad que tiene dos explicaciones posibles: la primera es que hayamos tenido justo la suerte de que las setenta y cinco personas que vinieron al banquete estén, casualmente, entre las más leales del planeta. La alternativa es que todos seamos más propensos a revelar las traiciones que hemos padecido que las que hemos cometido.

Esta observación, de una enorme regularidad en nuestro muestrario, revela de forma estadística que, por sorprendente que pueda parecer en un principio, como ya anticipaba Sócrates, es mucho más doloroso traicionar a un amigo que haber sido traicionado. Al menos si tomamos la incapacidad de hablar de algo como una medida de ese dolor. Esto parece paradójico porque traicionar es un asunto que pertenece al ámbito de nuestro libre albedrío. No podemos elegir las traiciones que sufrimos, pero sí elegir traicionar. O eso creemos.

Marcos Urwitz confesó una antigua traición que aún le escuece. Para dar sentido a esta anécdota recuerda esa célebre escena de la primera parte de *Enrique IV*, de Shakespeare, en la que antes de entrar en una cruenta batalla, Falstaff, un tipo gordo, borracho, hedonista, que rehúye el peligro a toda costa, le dice a su amigo, el príncipe Hal: «El honor me aguijonea. Sí, pero si el honor, empujándome hacia adelante, ¿me empuja al otro mundo? ¿Y luego? ¿Puede el honor reponerme una pierna? No. ¿O un brazo? No. ¿O suprimir el dolor de una herida? No. ¿El honor no es diestro en cirugía? No. ¿Qué es el honor? Un soplo de aire. ¡Hermosa compensación! ¿Quién lo obtiene? El que se murió el miércoles pasado. ¿Lo siente? No. ¿Lo oye? Tampoco. ¿Es entonces cosa insensible? Sí, para los muertos. ¿Pero puede vivir con los vivos? No.

¿Por qué? La maledicencia no lo permite. Por consiguiente, no quiero saber nada con él; el honor es un mero escudo funerario y así concluye mi catecismo». Después de este discurso, en plena batalla, Hal encuentra a Falstaff ocioso lejos de la línea de frente en la que pelean sus amigos, esquivando todo cuerpo a cuerpo, y le pide sus armas para seguir combatiendo. Es entonces cuando Hal descubre que, en la funda de su pistola, Falstaff esconde una botella de vino.

Acabada esta loa a la cobardía, Marcos ya está en posición de contar su historia. Su tono ya no es jocoso, porque esta es la parte de su exposición donde la cobardía deja de ser una virtud emparentada con la prudencia y la templanza para convertirse en una conducta deplorable. Era un adolescente en la pequeña ciudad costera de Villa Gesell. Él y sus amigos habían descubierto que la mayoría de los teléfonos públicos de la avenida principal estaban atascados y que, pasando el palo de un helado por la ranura, caían una enorme cantidad de monedas con el estruendo de una lluvia de metales del premio máximo de una máquina tragaperras. En el entusiasmo vertiginoso de este descubrimiento fueron uno tras otro, y volvieron al día siguiente a seguir ordeñando teléfonos hasta que al rato apareció una banda de pibes bastante más rudos a poner en claro que ese era su negocio. No fue una conversación cordial y para terminar de marcar la cancha hubo unos cuantos empujones intimidantes. Todo tendría que haber quedado ahí, salvo que su amigo Facundo, que no era precisamente de los que hacen una oda a la cobardía, respondió a esos empujones en forma de patadas voladoras y la discusión devino, en un instante, en una batalla campal. Marcos tiró las monedas y salió corriendo todo lo rápido que pudo, sin mirar ni una sola vez atrás. Sin pensar en la suerte que había corrido Facundo, un chaval que había heredado la tozudez de sus abuelos vascos y no iba a salir corriendo, aunque tuviera que enfrentarse a solas contra cuatro.

Marcos no se detuvo hasta saberse bien lejos de la trifulca. Al pararse y recuperar el fuelle, empezó a construir todo tipo de justificaciones honrosas para ganar tiempo antes de volver a donde había dejado a Facundo. Cuando por fin se dio la vuelta, encontró a su amigo molido a golpes, magullado, pero orgulloso de haberse quedado haciendo frente a los atacantes. Marcos nos cuenta que nunca olvidó ese episodio, pero que jamás lo había contado hasta hoy. Dice que esa vez no celebró la cobardía que le permitió salir ileso y que quedó marcado con una herida que, a diferencia de las de la piel, aún no ha cicatrizado. La de haber abandonado a un amigo. La de ser un traidor.

Nos cuenta que Facundo nunca lo juzgó ni se lo reprochó. Sigue siendo desde entonces uno de sus amigos del alma. Facundo es un tipo inflexible, que no perdona que lo empujen o lo insulten, pero que entiende que en la amistad se patina y hacemos cosas que no hubiésemos querido hacer. La disposición hacia el perdón es uno de los ejes más evidentes de la amistad. Algunos, como Facundo, están en el extremo de la indulgencia, otros jamás perdonan ningún grado de traición.

Después de rememorar su historia, Marcos se quedó de lo más confundido, sin saber si había ocurrido tal como él la recordaba y si el asunto estaba resuelto de verdad entre ellos. Duda incluso, en ese terreno incierto de la memoria infantil, si acaso no es todo un invento de su imaginación y nunca encontraron esos teléfonos ni a la banda que los increpó, y si Facundo nunca se quedó a repartir patadas mientras él corría. Lo que más teme es que su recuerdo y el de su amigo sean muy distintos, y en ese vértigo le escribe un mensaje para pedirle perdón, por las dudas, por si su memoria le ha engañado y nunca lo hubiese hecho. Facundo le confirma la historia, salvo por un pequeño error geográfico. No fue en Villa Gesell sino en Mar del Plata. Le recuerda también que no le pidió perdón una vez sino unas cuantas, cada vez que dudaba de haberlo hecho. Facundo le vuelve a decir lo mismo que le ha dicho tantas veces, que ya está, que no pasa nada, que son las cosas de la vida y que fue hace demasiado tiempo como para avergonzarse. Y cierra una vez más el asunto con la idea más importante de todas, una que Marcos, inundado de una culpa latente, no había tenido en cuenta: «Me alegra que te acuerdes de mí evocando la amistad».

5

Identidad y memoria

Los amigos ficticios

El oso y el tigre vivían en una casa junto al río. Todo estaba bien, «porque tenemos todo lo que se puede desear y nada que temer. Y porque además somos fuertes». Así pasaban los días felices, hasta que la corriente del río trajo flotando una caja de plátanos con un aroma exquisito y una única palabra escrita: «Panamá». Esto cambia la vida de los dos amigos, que entienden que no pueden vivir plenamente sin descubrir esa maravilla, y se embarcan sin saber adónde van, sin saber siquiera qué es Panamá ni cómo llegar hasta allí, con apenas una olla roja, una caña de pescar y un patito de juguete como equipaje. Van sin miedo porque, «si uno tiene un amigo capaz de pescar, o de encontrar setas, o construir un puente, no tiene por qué tener miedo».

Silvia Gold nos contó que antes de dormir a su hijo pequeño, Lucas, solía armarle un teatro de marionetas en el que Tigre y Oso salían por un rato del cuento de Janosch. Las marionetas escuchaban a Lucas, le respondían, respiraban el mismo aire, se embarcaban en las mismas historias. En definitiva, eran sus amigas. Se contaban lo que les había acontecido a unos y a otros, y estos asuntos se continuaban cada noche. Como sucede con tantas otras amistades, esta se fue deshaciendo poco a poco. Un día no vinieron a su cuarto. Luego eran más los días que no venían que los que sí estaban. Y ya, pasado un tiempo sin que nadie supiese de ellos, Lucas se mudó a otro continente. Dejó el país de la niñez donde quedaron sus amigos ficticios.

Unos quince años después, Lucas le pidió a su madre si podía conseguirle el libro de Janosch. Ella encontró en una librería de Barcelona una vieja edición, quiso escribirle en la primera página una dedicatoria que remitiera a aquellos tiempos en que madre e hijo se encontraban cada noche con Tigre y Oso, pero, por más que lo intentó, no pudo escribir nada. Hay espacios que sostienen una carga emocional tan pesada que no admiten ya una palabra más sobre ellos. Quizá fue perspicacia o intuición, porque resultó que Lucas no le había pedido ese libro para él. Era un regalo para su primera novia. Ya se sabe que en toda relación de amor hay una etapa temprana en la que fabricamos para la otra persona el relato de quiénes somos y de dónde venimos, es decir, quiénes son nuestros padres, qué nos enseñaron los abuelos, dónde pasamos de niños los veranos y, cómo no, a qué jugábamos con nuestros primeros amigos, aunque solo fueran imaginarios —o sobre todo los imaginarios, que quizá sean los que mejor ayudan a quien queremos que nos ame a entender quiénes fuimos—.

La ficción es el laboratorio donde se ensaya la amistad: se ofende, se pide, se da, se representan simulacros de enfados, reproches y traiciones. Se simula en un espacio inocuo, en el que nunca nada es grave y en el que las cosas se recomponen con la fuerza de la imaginación. Es también en la ficción donde a edades tempranas, en las que aún no hemos tenido amistades profundas, descubrimos ideales y modelos de amistad. Cada generación tiene los suyos: Sherlock y Watson, Astérix y Obélix, Harry Potter y Hermione, el pequeño Nicolás, Tintín y su perro Milú, Buzz Lightyear y Woody, Mafalda y Felipe, todos ellos funcionan como una aspiración y un concepto que luego buscamos llenar de realidad.

A Inés Martín Rodrigo le subimos el nivel de captación del micrófono porque habla con suavidad, y es de esas personas que de alguna manera se parecen a su propia voz. Es delgada, morena y viene vestida muy sencillamente con una camiseta y unos vaqueros; no eleva el tono ni pierde la serenidad cuando recuerda episodios dolorosos, pero en su tranquilidad sabe transmitir la emoción de todo lo que narra. De pequeña no tenía muchos amigos, nos cuenta. Tanto es así que la amistad se había convertido en un problema familiar: «¿Cómo hacemos para que Inés tenga amigas?». La soledad de una niña no es lo mismo que la de una adulta, porque no ha desarrollado herramientas ni estrategias para poder enfrentarla. Además, en el caso de Inés, su soledad era una aún más dolorosa y más difícil de resolver: algo en ella le hacía sentir que no encajaba con los demás y ni siquiera terminaba de entenderse a sí misma.

En ese desamparo apareció la literatura, como un salvavidas, y fue la propia literatura la que se convirtió en su mejor amiga. En ella los personajes pueden ser peculiares y grotescos, pero sobre todo se diferencian de ese mundo convencional de los niños en el que todos aspiran a ser como los demás: «Pueden ser el capitán Garfio sin que nadie los critique. Hay niñas que trepan a los árboles y que tienen un caballo de mejor amigo. Y en ese momento la literatura rellena un hueco que debería haber ocupado la amistad. Y está ahí contigo incondicional. En todo momento». Los personajes de la literatura infantil y juvenil son esencialmente libres para sentir como sienten y tienen el coraje para ser lo que son, o para inventárselo. La niña solitaria que los lee en su rincón, que los representa en su mente y escucha sus voces, se identifica con aquel personaje que por fin pone palabras a lo que ella siente; con una mezcla de asombro y liberación, pronuncia de alguna manera aquella frase con la que C. S. Lewis dice que arranca la amistad: «¿Qué? ¿Tú también? Pensé que era la única».

Peru Urquiaga también nos habló de los amigos de la ficción. De niño era un lector voraz, y cuando se hacía muy amigo de un personaje con el que se identificaba, podía leerse el libro tres o cuatro veces; era una forma de quedar con el amigo y de reencontrarse, como quien va al parque sabiendo que allí están los otros niños jugando. Él no tenía dificultad socializando ni haciendo amigos, como le pasaba a Inés, pero durante la adolescencia empezó a desarrollar un carácter rebelde que le llevaba a choques constantes con sus padres y sus profesores: «Me expulsaron del colegio por fumar porros. En realidad no es que fuera un fumeta, era bastante buen estudiante, pero estaba explorando los límites; el colegio me parecía una cárcel. Una noche, con dieciséis años, decidí que me iba de casa porque mi padre me quería obligar a tomar lentejas, y pasé dos noches durmiendo en la calle. Los amigos de siempre pensaban que me había quedado tarado y la verdad es que me sentía muy incomprendido por todo el mundo, menos por Holden Caulfield, el único que entendía lo que estaba sintiendo, mi único amigo». Holden Caulfield es el protagonista adolescente de *El guardián entre el centeno*, del escritor estadounidense J. D. Salinger, una novela de 1951 que ha vendido ya sesenta millones de copias y que cada año sigue vendiendo cientos de miles de ejemplares. Curiosamente, fue la novela más censurada en institutos y bibliotecas públicas de Estados Unidos hasta los años ochenta, y algunos asesinos célebres la citaron como inspiración; por ejemplo, el que intentó matar a Reagan o el asesino de John Lennon, quien declaró ante el juez que él mismo era en parte Holden Caulfield y entregó a la policía un ejemplar de la novela comprado el día del crimen en el que había escrito: *To Holden Caulfield, from Holden Caulfield. This is my statement* («Para Holden Caulfield, de Holden Caulfield. Esta es mi declaración»).

Peru sentía que «Holden era de verdad el amigo que querías tener, además de que compartía su visión del mundo... es que me partía de risa con él. Yo era un adolescente con un pavo imposible y pensaba que el mundo de los adultos era repugnante, una auténtica farsa, y Holden pensaba igual que yo, y sabía reírse de ese mundo, se atrevía a enfrentarse a él... Mi mejor amigo, ya te digo».

Inés vivió su primera infancia en un pueblo de Extremadura. Cuando se trasladó a Madrid, conoció a una compañera de instituto que la acompañaba en todo, con la que compartía su intimidad, y se volcó en ella casi hasta la obsesión. Cuando a los veintitrés años Inés le contó que es lesbiana, su amiga estalló en un enfado enorme, sintió que Inés podía haber estado enamorada de ella todo ese tiempo, que quizá no era una amistad honesta, y desapareció de su vida. Cortó la comunicación y rompió con la amistad. Le preguntamos si no piensa que quizá lo que ofendió a su amiga fue que se lo contara tras ocho años de conocerse y no antes. Inés nos respondió con la contundencia de quien emite una sentencia irrevocable: «Lo hubiera entendido perfectamente, pero se lo conté cuando yo lo supe».

Golpeada otra vez por la realidad, Inés regresó a la literatura para explorar la identidad, la amistad y la libertad. Ya no como lectora en busca de personajes imaginarios que ejercen su libertad de ser distintos, sino como escritora, para contar y esclarecer aquello que le había pasado, apuntalar su propia identidad y atender esas heridas de la amistad. Inés publicó su primera novela en 2016 e invitó a aquella amiga a la presentación. Nunca tuvo respuesta.

Otro que también utilizó la literatura para reflexionar sobre la amistad y enfrentarse a la pérdida dolorosa de un amigo fue Michel de Montaigne, un pensador inclasificable a quien ya nos hemos referido, con una vasta cultura clásica y una mirada muy libre hacia el mundo que desafiaba ferozmente los prejuicios asentados de sus coetáneos. Es probable que sus opiniones le hicieran sentirse bastante aislado de las personas que le rodeaban. En algún momento de su vida, antes de convertirse en escritor, Montaigne descubrió una obra clave en el pensamiento político de Occidente, *Discurso sobre la servidumbre voluntaria*. Después de haberla leído, de inmediato sintió que necesitaba conocer a ese autor con el que compartía tantas cosas. Se trataba del precoz Étienne de La Boétie, que había escrito esa obra con tan solo dieciocho años. Cuando se conocieron, Montaigne sintió que por primera vez no estaba solo en este mundo, que alguien se hacía las mismas preguntas, que acudía a los mismos libros, que observaba el mundo con similar asombro. Así describió Lewis la conexión inaugural de estas amistades legendarias: «Cuando dos personas así se descubren la una a la otra, [...] con una velocidad que a nosotros nos parecería asombrosa y comparten su visión, entonces nace la amistad. Y en ese instante se encuentran juntos en medio de una inmensa soledad».

Étienne de La Boétie falleció a los treinta y dos años, y para Montaigne eso supuso volver a la inmensa soledad, a esa sociedad de su época en la que ya no encontraría a ningún interlocutor capaz de mirar el mundo desde donde lo miraban ellos dos. Tal fue la desolación de Montaigne que abandonó la ciudad de Burdeos, recluyéndose en una torre apartada de su castillo, lejos de donde residía su familia. En esa torre, y durante ocho años de encierro, empezó a escribir «sin dirección y sin objeto» algo que bautizaría como «ensayos», en los que vertió de manera caótica, sin querer demostrar nada y sin construir sistemas de ideas, sus experiencias personales, comentarios sobre algunas lecturas o viajes, anécdotas y reflexiones. En cierta medida, Montaigne se encerró y le *hablaba* al papel exactamente como quien habla con un amigo. Desde entonces sabemos que, cuando escribimos, conviene tener un interlocutor en mente, un amigo al que nos dirigimos, para que un texto tenga verdadera vida. De hecho, cuando leemos a Montaigne, sentimos que nos habla una voz que nace de la amistad, y en sus ensayos se adivina un modo de suplir la falta de La Boétie y de seguir aquella conversación que ya no podía tener con él. En esas páginas se encuentra un breve ensayo sobre la amistad que ha sido una musa inspiradora para el nuestro. En él Montaigne da una de las más bellas explicaciones sobre el misterio por el cual nos hacemos de repente amigos de alguien:

> Eso que solemos llamar «amigos» y «amistad» no son sino vínculos trabados por mor de algún interés o a causa del azar, a través de los cuales nuestras almas se relacionan entre sí. En la amistad de la que yo hablo, las almas se enlazan y confunden la una con la otra en una mezcla tan universal que no hay

manera de reconocer la costura que las une. Si alguien me obligase a decir por qué quería yo tanto a La Boétie, reconozco que no podría expresarlo más que respondiendo: porque era él; porque era yo.

Muy pocos llegan a escribir con la vocación, el alcance y la excelencia con la que lo hace Inés, que ha convertido la tarea de narrar en su profesión, pero casi todos ejercemos de narradores con nuestros amigos, en un contexto íntimo y en la oralidad. Hacemos autoficción para aquellos amigos que saben escucharnos, que lo hacen sin asustarse y sin juzgarnos, y que al hacerlo nos permiten estructurar una vivencia para integrarla en nuestro siempre inconcluso relato de quiénes somos. Esta autoficción, en la que nos presentamos como protagonistas de una historia extraordinaria, nos ayuda a pensarnos a nosotros mismos junto al amigo, a determinar con el destinatario de nuestra narración qué hacemos con lo que nos acontece. Les presentamos el texto y esperamos ansiosos al comentario.

Entre las muchas historias que narramos a nuestros amigos, las que más nos gusta contar son las que escapan a la lógica cotidiana de nuestra vida. Un viaje de trabajo durante el que uno tuvo una experiencia sexual inesperada muy lejos de lo que su entorno considera normativo; una disputa de tráfico que se tuerce y termina en el calabozo; una experiencia con una sustancia psicotrópica que hace que otro actúe de manera delirante; esa vez que una no llegó a tiempo al cuarto de baño; un escarceo sexual con un primo, un encuentro casual con un famoso, etc. La idea de que lo vivido no se vive plenamente hasta que no se lo contamos a un amigo ya la enunció Cicerón hace dos milenios en su tratado sobre la amistad:

> Si uno subiera al cielo y pudiera ver la naturaleza del mundo y la belleza de las estrellas, no sería para él placentero aquel espectáculo, que, en cambio, habría sido maravilloso, si hubiera tenido alguien a quien contárselo.

El torero Luis Miguel Dominguín dio un ejemplo particularmente colorido de esta máxima universal de Cicerón. Después de acostarse por primera vez con Ava Gardner, estrella de Hollywood, salió disparado de la cama y ella le preguntó, extrañada: «¿Adónde vas?», y él le contestó: «¡A contarlo!». Hasta tal punto nos es preciso narrar la historia de lo vivido a nuestros amigos que Michel de Montaigne dice en sus ensayos que, si se le prohibiera contar determinadas experiencias a sus amigos, preferiría no vivirlas.

El nombre que te da un amigo

En la presentación de su libro, Papo logró reabrir por una sola noche las puertas del legendario Candela en Lavapiés, un tugurio subterráneo que llevaba cerrado varios años y donde se desarrollaron algunos capítulos inconfesables de la historia no escrita del flamenco. Por ahí entraban de noche y salían de día Camarón, Paco de Lucía, José Menese, el Cigala, Enrique Morente o el pintor Bonifacio. En este templo de las esencias noctámbulas, Papo reunió a sus amigos, algunos de la primera juventud, otros mucho más recientes, de la moda, de la psicología, de la cocina, de la música. Todos eran de añadas y espacios distintos. Coincidían en una sola cosa: ninguno conoce el verdadero nombre de Papo.

Casi cuarenta años antes, Papo vivía en Buenos Aires. Era carnaval y andaba, como todos los niños, armado de pequeños globos llenos de agua. Los llamaban «bombuchas». Ante él pasó un hombre vestido de traje, camino de su trabajo, y quedaron frente a frente, como en un duelo de esgrimistas. Papo con sus bombuchas y el señor, que era bastante corpulento, con su traje impoluto. «Si me tirás una, te reviento», le dijo con un deje arrabalero el señor. Al mismo tiempo empezó a sonar el griterío de toda la muchachada «Tiráselo, cagón, tirale, cagón». Y Papo se encontró sin buscarlo en ese momento decisivo de su vida, del que Borges decía «cualquier destino, por largo y complicado que sea, consta en realidad de un solo momento: el momento en que el hombre sabe para siempre quién es», en el que tuvo que resolver la disyuntiva de ser valiente frente a sus amigos o cuidar el pellejo. Acertó a decir balbuciendo: «Mirá, si es por mí, te empapo». Ese camino intermedio no convenció a sus amigos, que cambiaron el llamado de guerra por otro de burla al canto de «Te empapo, t'empapo, t'papo, papo, papo, papo». Desde ese momento, fue Papo para siempre.

Antes, aunque casi nadie lo sepa, era Diego. Un nombre que le gustaba y que sus padres le dieron sin anticipar la carga que tendría para su generación. Era de los pocos nombres que se conjugaban indefectiblemente con un artículo, y a los pocos años de nacer él, solo habría en Argentina un Diego, por supuesto: El Diego. Por el contrario, su nuevo nombre, Papo, era un estigma, y no dejó de ser por mucho tiempo el recuerdo burlón de que había sido un cobarde. Hoy sabemos que poner motes humillantes es una de las mil caras de un fenómeno que designamos con un anglicismo: *bullying*. A otros les llaman el Mono, la Gorda, la Negra, Caraculo, Glande, Cabeza de Poronga o tantos otros nombres que se dan con un peso que para el que lo lleva suele ser mucho mayor del que los amigos vislumbran.

El caso es que Papo vio al fin una salida del estigma cuando empezó su educación secundaria. El primer día de clase, libre de ese fardo, se presentó como Diego, con tal mala suerte que en el fondo de la misma clase había otro de su colegio de primaria que en ese mismo momento alzó la voz al grito de «¡Papo, Papo!», bautizándolo de nuevo. De ese modo, Papo siguió siendo Papo.

Con el tiempo se fue haciendo amigo de ese nombre y, cuando llegó a España, él mismo ya se presentaba como Papo, incluso cuando descubrió que al usarlo generaba cierta extrañeza por el vínculo popular del «papo» con lo sexual. Pero el significante Papo ya estaba enlazado con él, con su forma alta y espigada, con su manera de ser generosa y alegre. La magia que tienen los significantes es que muchas veces la gente automáticamente los transmuta, los cambia cuando conoce a alguien, adquieren su forma. Los nombres de los amigos, como los amigos, son maleables y llenan los espacios vacíos, las formas del que los habita.

No a todos les pasa lo mismo. Para muchos, el mote, esa caricatura que nos hacen los amigos, destaca rasgos de nosotros que querríamos que otros olvidaran, hasta el punto de que hay quienes se alejan deliberadamente de aquellos que persisten en usarlo. Otras veces no queremos desprendernos íntegramente de un mote que nos proyecta a la infancia, pero sí mantenerlo en un círculo íntimo, sin que permee a otras esferas de la vida en las que se presume que debe primar la gravedad y la seriedad de la adultez.

Jaime Ortiz de Artiñano es alto y grandullón, parece de Bilbao y además es de Bilbao, no lo puede ocultar porque el acento le delata. Lo que sí oculta a una gran parte de la humanidad es que en su casa, y para los amigos, es Otto, un mote que se originó cuando su abuelo alemán, al ver el tamaño XXL que tenía su nieto, su pelo rubio y sus ojos claros, decidió que era un bebé alemán, un Ottito. En el mundo laboral, Otto, que es una de las personas más influyentes del cine español, no existe como tal. A pesar de ser muy conocido por su participación en muchas producciones, ha conseguido mantener su mote oculto en la oficina y en el set. Las veces que nos hemos referido a él entre personas del mundo del cine, nadie sabía de quién estábamos hablando. Por alguna razón, le gusta reservar el nombre con el que le llaman sus amigos para el espacio de la amistad y transita al espacio laboral con una identidad distinta, Jaime; cuando está bajo esa identidad hasta parece que se le cambia el gesto a uno más grave y con más autoridad. Otto es un hombre diferente a Jaime, le gustan el vino y la buena mesa y no abandona nunca su sentido del humor incorrecto y corrosivo. De este modo, él es como tantos otros, una persona en el trabajo y otra con los amigos; además, esas dos personas en una tienen nombres diferentes.

La fascinación que genera el tema de la doble identidad se refleja ampliamente en la literatura y el cine. El superhéroe tiene un nombre en privado y otro cuando se enfunda el traje de faena, ahí están Clark Kent/Superman o Bruce Wayne/Batman. Pero antes que todos ellos hubo otro personaje literario de profundo impacto en la cultura popular que lleva el tema de la doble identidad mucho más allá. En *El extraño caso del Dr. Jekyll y Mr. Hyde* se produce una escisión absoluta de la personalidad del protagonista, que, mediante una poción, divide su ser en dos naturalezas opuestas muy homogéneas: aquella que recoge todas las bajas pasiones del hombre y otra que, respetable y amable, reúne los códigos de conducta que exigía la reprimida sociedad victoriana. En cierto modo, el libro es una caricatura exagerada de algo que muchos experimentamos en cuanto oímos el mote que nos dan los amigos íntimos, sabemos que podemos ya relajarnos y desechar muchos de los códigos estrictos que manejamos con la versión oficial y completa de nuestro nombre. A veces, cuando reñimos a nuestros hijos, solemos llamarlos en tono grave por su nombre completo, y hasta por sus apellidos, pero cuando les hablamos con cariño, lo hacemos con un diminutivo o abreviando su nombre, convirtiendo a Juan en Juanito y a Ana en Anita, o a Francisco en Fran y a Eduardo en Edu.

Los padres de Papo eran más *bolches* que judíos, y por eso, cuando llegó el momento de hacer el *bar mitzvá*, un rito de memoria judío que marca el paso de la infancia a la adolescencia, decidieron que la ceremonia fuese laica. En vez de oficiarla un rabino, lo haría una especie de gurú que desarrollaba ideas y enseñanzas. Entre todas ellas había un poema, que es de las pocas cosas que Papo recuerda de aquellos meses. Decía que todo hombre tiene un nombre, el nombre que le dan sus padres. Y que todo hombre tiene un nombre, el nombre que le da Dios. Y al final decía que todo hombre tiene un nombre, el nombre que le dan sus amigos. Y ese es el nombre más importante.

Mirar con ojos brillosos

En su *Ética*, Aristóteles distingue entre tres tipos de amistad: una por virtud, otra por utilidad y otra por placer. Las dos últimas dependen de las circunstancias y son transaccionales.

La primera es la más elevada, y así sugiere Aristóteles que el amigo al que debemos aspirar es aquel al que admiramos, ese cuyo carácter identificamos como virtuoso y cuya conducta nos ilumina con un ejemplo inspirador. La amistad que el filósofo invita a cultivar a aquellos que quieran vivir una vida buena está, pues, indisolublemente unida a un sentimiento de admiración, y este ideal está desde entonces muy implantado en la filosofía de la amistad. Aun siendo herederos de este legado, cada tanto conviene preguntarse: ¿se puede gozar de una buena amistad con una persona a la que no admiramos?

Después de decenas de horas conversando sin parar, trajimos una vez más esa pregunta a la última cena del banquete, con la artista Valeria Palmeiro y la escritora Rosa Montero, dos madrileñas que se llevan cuarenta años de edad y que nunca antes se habían encontrado. Las dos se sentaron frente a frente, Rosa sujetando a su pequeña teckel de pelo duro en su regazo, Valeria envuelta en un colorido quimono de flores rojas que le escondía hasta los pies y sobre el que asoma una brillante melena negra. Ambas discrepaban por completo, dando cuenta de la diversidad de opiniones expresadas sobre este asunto de la admiración en el banquete.

Dice Valeria que «el estar» de sus amigos más queridos le da calma, la divierte, la arropa, la hace sentirse querida. Pero no requiere admiración, por el contrario, para que todo esto suceda hace falta dejarla de lado: «No necesito que me sorprendan o me nutran intelectualmente. Son esos amigos con los que estás a gusto, con los que siempre te ríes». Valeria no exige a sus amigas representar ningún papel ni hacer ningún esfuerzo por mostrarse más bellas, más cultas o sofisticadas, ni ninguna de esas cualidades con las que tratamos de ser admirados.

Rosa defiende con convicción la idea contraria: «Yo admiro a todos mis amigos». Como no habíamos escuchado aún una voz tan contundente en este tema tan dispar, nos aseguramos de que no fuera un desliz interrumpiéndola con una pregunta casi matemática: ¿existe la amistad sin admiración? «Yo creo que no. Yo, a todos mis amigos, los admiro por algo. De repente admiro la capacidad de resistencia ante el sufrimiento, la vitalidad, admiro la generosidad... Realmente me llenan de orgullo mis amigos». Lo cierto es que de forma desapercibida, Rosa ya había puesto su opinión sobre la mesa unos treinta minutos antes de esta sentencia, cuando contó que tuvo una bronca con una de sus amigas más íntimas en el momento en que sintió que ella no la miraba. Se nos escapó —como la carta escondida de Poe— que la idea más evidente sobre la admiración está bien escondida a plena vista, en su misma etimología. No se trata de su acepción más inmediata, la de reverenciar un don, el talento o la belleza, ni de la admiración moral, intelectual o profesional, sino simplemente de mirar con brillo en los ojos, por lo que sea, aun si la otra persona es de lo más despreciable. Se trata de una emoción que da lugar a una mirada que no solo observa, sino que ilumina lo observado.

Esta idea a la que nos lleva Rosa es también uno de los conceptos centrales en el escueto repertorio de la filosofía y la ciencia de la admiración: al sentir admiración por alguien, lo volvemos admirable. Es decir, funciona como una profecía autocumplida, una distorsión que es muy frecuente en la amistad. Don Quijote, con su mirada demente, transforma a cuantos tiene alrededor en héroes y princesas, y ve en el simple Sancho a un ser capaz de acompañarle en sus más altas gestas y digno de obtener así una ínsula que gobernar. Y aunque lo que ve don Quijote en Sancho solo es fruto de su fantasía, Sancho termina por querer ser aquello mismo que don Quijote ve en él y empieza a asimilar sus ideales.

En la amistad, la admiración no suele ser un juicio positivo sobre las virtudes de alguien, sino una emoción que da lugar a una transformación del cuerpo, que se siente en el pecho, que da un sentido de elevación y que cambia el registro de la mirada. Y como cualquier otra emoción, es propensa a todo tipo de errores e ilusiones; podemos sentir admiración por alguien aun si entendemos perfectamente que no la amerita. Así es como, con el brillo de nuestra mirada, volvemos admirables a los amigos despreciables de la vida y a los de la ficción, como Walter White, Tony Soprano o Vito Corleone. O Falstaff, que, aunque es borracho, putero, ladrón y jugador, sale en tres obras de Shakespeare y es uno de sus personajes más amados por su ingenio, sus ganas de vivir y por el cariño con el que trata a su amigo, el príncipe Hal.

En una de las jornadas de nuestro banquete, aprovechamos la llegada a Madrid de un grupo de amigos argentinos que venían a encontrarse con Lucas Sigman, uno de los integrantes de esta banda, que vive ya desde hace un tiempo en España. Resultaba interesante de cara a nuestra investigación reunir en una misma mesa a un grupo de amigos extraordinariamente resistente, que se ha mantenido muy unido desde la infancia, ha superado bien la inmigración de uno, la salida del armario de otro, la asimetría que produce la llegada de los hijos para unos sí y para otros no, y todo tipo de circunstancias que suelen alejar a los amigos y poner a prueba la vigencia del vínculo. Son cuatro cuarentones de aspecto joven, pero con alguna cana. A los pocos minutos de haberlos sentado en la mesa, se nos hace evidente su amistad inquebrantable, el repertorio de bromas privadas, una jerga propia, canciones, varios motes que se dan los unos a los otros y una familiaridad que les permite hablar sin pudor de lo más privado.

Uno de ellos, apodado Coco, ya casi sobre el final de la charla se pronunció así: «Tengo muchos amigos y no a todos me une la admiración. La amistad es un cable compuesto por fibras diversas; cuantas más fibras hay y más extenso es el cable, quizá más profunda es la amistad. En el caso de ellos, en la multiplicidad de fibras que me unen, una muy importante es la admiración».

Lucas toma la palabra y cuenta, sin saber que parafrasea a Rosa Montero, que admira a cada uno de sus amigos por razones distintas: «Oto tiene una inteligencia privilegiada, por todo lo que le pasó en la vida [se refiere a complicaciones de salud, muertes prematuras en la familia], es un ser mágico al que le podés contar cualquier problema de tu vida y encuentra en un instante una solución y te da claridad y calma. Y el Coco es una eminencia; tengo la suerte de tener un amigo así, con esa pasión y esa sensibilidad única con la naturaleza». Y mira a Leivas, y nosotros también lo miramos con especial curiosidad, porque es el único que hasta entonces no había hablado. Los encantos del resto de sus amigos son evidentes para quien se sienta ante ellos y los oye conversar un rato: los lances del humor irreverente, las reflexiones inteligentes, la capacidad de narrar las anécdotas que los definen como grupo, pero Leivas permanece en silencio y, a pesar de que su presencia es agradable, su timidez oculta al observador sus virtudes. Anticipando ese largo silencio, Leivas se había presentado un rato antes de esta manera: «Yo soy Leivas. Esta situación no es la más cómoda para mí, no, no soy mucho de hablar en público. Pero quiero estar acá».

Oto, el más alto y extrovertido de los cuatro, flaco, con una nariz digna del soneto satírico de Quevedo y una gorra que oculta su cabeza calva, es, por el contrario, el que más ha hablado. Fue también el primero del grupo en casarse, y nos describe a Leivas mientras rememora esa noche: «A eso de las dos y media, los dueños del establecimiento encendieron las luces para que la gente se largara. Yo terminé por arreglar la situación, pero siguieron jodiendo y me enfurecí, entonces me fui al baño y rompí a golpes todos los inodoros. Al día siguiente todo el mundo me decía: "Qué lindo estuvo todo, lástima el tarado que rompió todos los inodoros"».

Antes del caos, la boda había sido especialmente emotiva por el eco inevitable del duelo de los muertos, de los padres de Oto y del hermano de la novia, Manuela: «Primero habló Coco y puso la vara muy alta porque él habla muy bien y es muy amoroso; después habló Lucas, muy bien, impecable, y después habló Leandro [Leivas], y Leandro habla muy mal, muy mal, o sea, lo estaba pasando como el orto. Y a él, cuando se pone nervioso, le late la alita de la nariz; entonces se ve ahí, agarra el micrófono y empieza a hablar, y como que no podía decir nada coherente y estaba la madre en el público, la madre, que es profesora y la queremos tanto que estaba invitada... ¡Profesora de literatura!, que empieza a decir: "No puedo creer lo mal que está hablando Leandro", y en un momento Leivas agarra y dice: "Estoy tan emocionado que es como si estuviera acá". Y la madre le grita: "¡Estás acá, Leandro!"».

Por eso observamos tan atentos a Lucas cuando mira a Leivas para explicarnos por qué lo admira. Nos cuenta que a los dieciocho años hicieron juntos una revista memorable que contenía una cinta de audio en la que Leivas había capturado todo tipo de historias, editando, cortando y pegando con doble casetera: «Un talento que, en esa personalidad un poco tímida, aflora no en lo que dice, sino en lo que hace».

Aquí quizá esté el punto, el giro que da un sentido a la relación entre la amistad y la admiración. Lucas pone el foco de su mirada, como si fuese una linterna, en un aspecto de cada uno de sus amigos, revelando una virtud que para los que no lo son puede ser opaca, y, así, lo vuelve admirable. Quizá no es importante admirar a un amigo sino tener un amigo que nos admire, para que dé brillo a algunos lugares de nuestra vida, nos celebre, aumente nuestra autoestima al ver lo que permanece invisible al común de la gente. Esa puede ser parte de la explicación a uno de esos misterios que parecen insólitos e incomprensibles y con el que Lucas cierra nuestra charla: «Yo siempre pensé: "Qué suerte tengo, qué puta casualidad que estos tipos tan especiales entraran en mi clase y se sentaran justo en el mismo rincón en el que yo estaba sentado"». Y es que el azar puede haber sido menos decisivo de lo que parece. Quizá, y solo quizá, en otro rincón del mundo y con otras tres personas, la pócima de la mirada amistosa también hubiese obrado su efecto mágico y Lucas se habría sorprendido de la misma manera y hubiese pensado «Qué suerte tengo, qué puta casualidad...».

Cambiar la piel

Hay historias que se comparten a cambio del anonimato y, en lo que respecta a la idea que desarrollamos en este pasaje, son varios los que nos piden no ser identificados. J. es uno de ellos. Creció en Milán y en la adolescencia se mudó a Madrid donde ha vivido el resto de su vida. Con los años, los amigos y los esbozos de los primeros amores de Milán se fueron perdiendo en la deriva, como un islote que se desprende del continente. Ya en una vida adulta, J. empezó a viajar a Milán por trabajo con cierta frecuencia. Allí era un forastero en los lugares de su propia infancia. Retomó muy poco a poco el contacto con los que habían sido sus amigos de entonces, pero tuvo que volver unas cuantas veces antes de acordarse de Bea en un avión camino al aeropuerto de Malpensa. La había olvidado completamente, y fue en el ejercicio de tirar de los hilos de la memoria cuando recordó que era su amiga. A medida que se iba desempolvando el recuerdo y se disipaba la bruma, fue entendiendo cuán importante había sido ella en esa vida que había tenido en Italia. Guardaba el recuerdo de aquel deseo, y sobre todo se acordaba del miedo de decirle que le gustaba y de la frustración de no habérselo hecho saber jamás, ni haber descubierto qué hubiera pasado si ella lo hubiera sabido.

Recordó su apellido, la buscó en redes, la encontró, le envió un mensaje. Pasó un rato de enorme suspense en el taxi que lo llevaba del aeropuerto a la ciudad, sintiendo cómo le volvía esa mezcla de timidez insuperable y de anhelo de la que está hecho el deseo adolescente. Ella no tardó en responder. Quedaron para cenar en una vieja *trattoria* cerca del Duomo: «A veces, solo a veces, las cosas son más simples de lo que parecen». Dio algunas vueltas por aquel barrio para llegar un poco tarde, porque pensó que no iba a aguantar la ansiedad sentado y porque «tengo una buena dosis de prosopagnosia y eso de esperar en un bar a alguien que no has visto en media vida cuando eres incapaz de reconocer caras es complicado. Te obliga a mirar muy fijamente a todo el que pasa y se dan todo tipo de malentendidos». Pero esa vez Bea estaba sentada en el bar cuando él llegó y la reconoció de inmediato. En el instante mismo de verla, se desató en su memoria, sin edición, sin pausa y sin filtro, todo un cúmulo de imágenes, de emociones, de vivencias y de lugares. Emergió su infancia.

Todo fue fácil en esa cena. Tuvo que esperar treinta años, varias mudanzas y cierta serenidad para dejar de sentirse intimidado y experimentar el alivio de resolver ese viejo asunto de su infancia. Le contó al fin a Bea, con treinta años de demora, cuánto le gustaba cuando eran niños. Eso ya lo hizo muy feliz, pero lo que más lo conmovió sucedió poco después, mientras Bea hablaba, y J. entendió que, además de que era guapa, lo que le gustaba de ella era sobre todo su carácter intrépido, atrevido y osado. No solo se reencontró con Bea, sino que descubrió algo de su propia infancia, de sus gustos, sus anhelos y sus miedos. Esa tarde se dieron un beso al despedirse frente al Duomo, el beso que el niño que fue había soñado con darle. Ambos entendieron que era mejor que la cosa quedara ahí.

En *Memorias de ultratumba* Chateaubriand escribe que «el hombre no tiene una sola y única vida; tiene varias puestas una tras otra, y esta es su miseria». Los encuentros como este que nos contó J. ayudan a coser las vidas que hemos dejado de tener a las que tenemos ahora y así ser menos miserables.

Esta idea sobre la amistad, la de un espejo que nos recuerda quiénes éramos, apareció muchas veces en nuestras conversaciones. Silvia Gold, que a sus setenta y cinco años hablaba de sus amigas de la infancia con el brillo en los ojos llenos de admiración, fue la primera que lo puso en palabras: «Con las amigas que dejé de ver mucho tiempo y que volví a encontrar, una cosa que me gusta mucho es volver a entender por qué éramos amigas». A pesar de las distancias y las bifurcaciones, volvía a encontrar algo en ese espacio común que habían creado, de forma que entender ahora por qué se habían hecho amigas era una manera de recuperar qué buscaba y qué encontraba la joven que fue, y así recuperaba una clave de su identidad. Eva Serrano nos habló de una idea muy parecida. Una de las razones por las que los duelos de amistad son tan dolorosos es porque se pierde una parte de uno, de la memoria, de la identidad: «Es como si de repente te faltara un espejo, y sin ese reflejo perdieras un poco el pie y la identidad».

Además de extendernos hacia el pasado, como custodios de vivencias que hemos olvidado, nuestros amigos también nos extienden en el presente, haciendo que aflore una determinada versión de nosotros mismos. Así ocurre que aquel tipo tranquilo que jamás va a un concierto de rock por iniciativa propia tiene un amigo que lo lleva y consigue que durante ese tiempo vibre con la música, pegue botes entre el público y acabe fumando un porro. Y también está aquella que es capaz de hacer que su amiga urbanita suba un monte una mañana de domingo y experimente el goce de escuchar a los pájaros cantar, alguien que, de otro modo, sin su amiga, jamás está atenta a esas cosas. Está ese amigo que es con el único con el que podemos dudar en voz alta de nuestra ideología y confesar que nos cae bien un político que maldecimos en el resto de nuestros círculos. En cierta medida, todos esos amigos poseen un pedazo de nuestro yo que solo existe a través de ellos y que sin ellos se extingue. Nos convierten en camaleones y nos hacen mudar el color de la piel para mimetizarnos con ellos y poder ser otros durante el rato que pasamos juntos. Una suerte de la buena amistad es tener a quién llamar cuando nos queremos transformar en personas alocadas y hedonistas, o cuando queremos ser tipos sanos y deportistas, o en los momentos en que nos gustaría ser más sensibles y estar atentos a las cosas de la vida intelectual. Por eso, cuando se nos muere uno de estos amigos, se lleva consigo a la tumba la persona que nos hacía ser. Su muerte es un tipo de amputación del yo; perdemos la extensión de nosotros que solo él hacía posible.

La mayoría de las veces, sin embargo, no hace falta que un amigo se muera para perderlo. Son nuestras parejas, nuestros padres u otros amigos celosos los que nos censuran aquellas amistades que nos transforman en esa expresión de nuestro yo que les resulta irreconocible, desagradable o peligrosa. El marido opina que somos unas frívolas, la mujer que somos unos borrachos, el padre que somos unos vagos, la madre que somos mala influencia y el amigo de la infancia que somos unos esnobs. La casuística es de sobra conocida. De esto nos habló Laura Ferrero: «Las personas que más me han complementado son amigos hombres. Cuando pienso que las cosas están mal en mi vida, muchas veces son ellos los que me ayudan a salir del paso, a relativizar las cosas. Por eso me da terror profundo que de repente se echen una novia. A ver, es algo que les deseo profundamente, pero a la vez siento que si hay otra mujer quizá ya no pueda ser tan amigo mío».

Muchas veces somos nosotros mismos los que queremos deshacernos de ese otro yo que custodia el amigo, porque nos lleva al reencuentro con un pasado que no nos es grato. La amistad es un espejo, y a veces queremos, o tenemos, que romper el espejo en el que ya no nos queremos ver. En su tratado sobre la amistad, Cicerón dice que «el que mira a un verdadero amigo, mira, por así decir, un modelo de sí mismo», y precisamente por eso, cuando el modelo ya no nos gusta, preferimos no mirarlo más. Manuel Jabois trae a la mesa un caso célebre de esta idea: «Cuando Hemingway era un pobre diablo en París, Fitzgerald le prestó su ayuda. Años después, cuando Hemingway ya era famoso, no soportaba recordarse a sí mismo viviendo encima del aserradero y por lo tanto dinamitó su amistad». Esta historia tiene muchos más matices e ingredientes, pero en esa cena a Manuel solo le importaba una idea que vuelve una y otra vez con todo tipo de ejemplos: hay quien rompe con los amigos que le han visto donde no quería estar y aún con más vigor con los que le ayudaron en momentos indignos, pues son la memoria viva de una miseria que preferimos olvidar. «Al final es un silogismo. Me has visto en una situación en la que yo no querría haber estado nunca contigo. Y no te perdono que me hayas visto jodido y encima me hayas ayudado». Rosa Montero nos dijo, entendiendo que con eso cerraba este asunto: «Yo creo que todos tenemos la tentación de dejar de ser nosotros, o sea, todos tenemos la tentación de escapar de nuestra vida. Esa es una tentación que quien diga que no la sintió, yo creo que miente».

Al ir a otro país, sin familia y sin amigos que te esperen en aquel puerto, es común descubrir en el momento mismo de la llegada un sentimiento inédito de libertad. Descubres que puedes ser quien quieras, cambiar de nombre, de género, de ropas, de preferencias sexuales o de peinado, sin nadie que te recuerde que no eres ese que estás jugando a ser. Hemos soltado lastre, nos hemos sacado de encima a quien nos impide hacer esa elipsis. Borrar a los únicos testigos de la huella del pasado es un cambio de piel. Y es que cada tanto hay que jugar a ser lagartos, dejar atrás a algunos amigos y salir en busca de otros para adquirir una nueva identidad.

IDENTIDAD Y MEMORIA

Un lugar en el mundo

Pepa nos pide que la charla sea corta y que no se nos haga demasiado tarde, no deja de recordar que viene «medio obligada» y que solo lo hace por compromiso filial. Acaba de terminar su primer año de universidad en Inglaterra y no quiere perder un solo minuto para estar con sus amigas de Madrid. A sus dieciocho años, Pepa ha vivido en cuatro casas distintas y dos países, ha cambiado de colegio cinco veces y, en el último de ellos, apenas había seis o siete personas por clase. En esas circunstancias, Pepa no había conseguido consolidar ese grupo de amigos que los adolescentes construyen con tanto ahínco y en el que encuentran el principal refugio de su vida en esos años en que dejamos de sentir la casa de nuestros padres como nuestro hogar y aún nos faltan muchos años para tener una casa propia.

Pocos días antes de empezar la universidad, en un viaje en tren por Europa, en ese verano vertiginoso en el que a muchos adolescentes se les abre la posibilidad de dejar atrás los roles a los que les constriñe el universo escolar, Pepa encontró su cuadrilla: «Éramos un grupo entremezclado que no se conocía de mucho, y de repente llegó septiembre y empezamos a reunirnos en casa de mi amiga Arteaga. Ese fue el punto central desde el cual creció y se dispersó nuestra amistad. Pero eso se acababa al mes, porque yo me mudaba a Inglaterra. Un lunes antes de salir tenía septiembre tatuado en mi brazo, y creo que no entendí bien el significado del tatuaje hasta año nuevo, cuando me di cuenta de que era como una brújula de la gente a la que quiero».

Pepa diseñó con su propia letra ese tatuaje y pidió a sus amigas que la acompañaran a hacérselo; ese acto transgresor fue, en cierto modo, el acta fundacional de aquel grupo. Para Pepa fue una manera de señalar ese momento en que por fin sintió que había encontrado su lugar en el mundo. Que encajaba, que formaba parte de un todo más grande que la cobijaba, la reconfortaba, le daba fuerza frente a las incertidumbres de la adolescencia y reforzaba su identidad. Una identidad que pasa del yo al nosotros y se conjuga en casi cada oración en la primera persona del plural: «Nos sentíamos súper en casa y supercomprendidas, y a cada una se le iba pegando el vocabulario de la otra. O sea, que hemos creado como unos códigos compartidos».

Las amistades definen un grupo de pertenencia en el que se ancla la identidad. El adolescente que no consigue crear su grupo de amigos o integrarse en uno ve cómo se hunden su autoestima y su salud mental, y no alivia su dolor hasta que encuentra cobijo en la amistad con sus pares: aquellos que le entienden como no lo hacen ya sus padres, que cantan lo mismo y utilizan las mismas expresiones. El septiembre que Pepa Bergareche se tatuó en un brazo para no olvidar que ese mes, y a la vuelta de un viaje, había encontrado un *lugar en el mundo*.

Estas ideas se alinean con una saga de estudios científicos, como el de Mitchell Prinstein, de la Universidad de Yale, que mostró que una pertenencia endeble a un grupo de amigos genera un fallo latente en la autoestima y desencadena el desarrollo de síntomas depresivos. Años después, Koji Ueno hizo un estudio en el que analizó a más de diez mil adolescentes en escuelas secundarias y nuevamente encontró una relación entre la pertenencia a redes de amistad y el inicio de la depresión.

El lugar en el mundo que dan los amigos no solo brinda un cobijo, sino también una identidad, una forma de ser. Esta idea la expuso la psicóloga Judith Rich Harris en un libro que puso en jaque las creencias que la mayoría de los filósofos y psicólogos habían concebido sobre el desarrollo de la identidad. Su argumento es que los padres y las madres tienen mucha menos influencia en el desarrollo de la personalidad de sus hijos de la que suelen creer. Harris sostiene que la *verdadera* «lengua materna», la que se habla espontáneamente y con más facilidad, no es la de la madre sino la de los amigos, y explica que esto se extiende al resto de la personalidad: más que ninguna otra persona —incluidos padres o maestros—, son los amigos quienes determinan nuestro sentido del humor, el vino que tomamos, los sitios en los que estamos cómodos y cómo nos vinculamos con los demás.

El libro de Harris ha hecho mucho ruido, entre otras cosas porque da cierta calma en medio de la locura y la obsesión, como si fuéramos a arruinar la vida de nuestros hijos por haberles leído mal un cuento, haberles gritado un día o no haberlos apuntado a determinada actividad extraescolar. Argumenta que, por el contrario, nada de lo que hacemos es en general tan decisivo como pensamos, ni a favor, ni en contra, justamente porque son los amigos y los compañeros los que durante la infancia y la adolescencia van definiendo la identidad. Esta forma de pensar produjo gran revuelo porque desmonta dogmas de la psicología, empezando por Sigmund Freud y el mito de Edipo que sugiere que son los vínculos con la madre y con el padre los que marcan sobre todo nuestra personalidad.

Harris habla de dos mundos sociales: el del hogar y el de los amigos; dice, por ejemplo, que una niña puede ser distinta en cada uno de ellos. Puede portarse fatal en casa, pero ser un ángel en el colegio. O al revés. Cada uno de estos mundos se construye sobre cosas bien distintas. La sexualidad se define más entre compañeros que en casa; las creencias religiosas, más en casa que entre amigos. Ninguna de estas clasificaciones es taxativa, por supuesto, pero sus diferencias acaso se hacen más evidentes en cuanto falta alguno de estos mundos.

De esto nos habló Inés Martín Rodrigo: «En mi propia historia, la familia que me vino dada se ha terminado desmembrando a lo largo de los años, con muchas pérdidas debido a la enfermedad, a la muerte. Esas ausencias gigantescas las he ido supliendo a través de la amistad, que es casa, es hogar, y tiene un sinónimo clarísimo que es la familia». Si tenemos la desgracia, como Inés, de que nuestra familia se rompa, tendremos una oportunidad de reconstruirla a través de los amigos; en cambio, si lo que se rompe son los amigos, como le pasó a Martina, la paciente de Ana Stern, no hay nada que pueda reemplazarlos.

En algunos momentos de la adultez necesitamos volver a ese refugio que solo nos dan los amigos. Uno de esos momentos nos lo trajo Manuel Jabois, que habla igual que escribe mientras se mesa el pelo, como si buscara en su melena los recuerdos: «Yo presumía de que los amigos son para los buenos tiempos, para celebrar y festejar. Luego, cuando maduras, cuando creces y cuando las penas son otras, te das cuenta de que ya no pasan solas. Que necesitas a tus amigos para sobrevivir a las tragedias».

El amparo que, con su mera presencia, nos dan los amigos cuando tiembla nuestro lugar en el mundo es un sentimiento inconfundible para quien lo ha vivido. Algunos lo desconocen, no por falta de buenos amigos, sino por la fortuna de tener un hogar firme. Es el caso del escritor Juan Tallón, que descubre en esta conversación que, en su buena suerte, jamás ha experimentado este sentimiento, y juega con el humor y las ficciones para esbozar cómo enmendarlo: «Casi me da envidia Manuel. Hace quince años que no tengo una ruptura sentimental y creo que nunca he sufrido lo que parece que él ha sufrido. Pero sí me gustaría poner a prueba a mis amigos. Hasta estoy empezando a valorar si separarme de mi mujer solo para saber qué harían». Tras enunciarlo, se ratifica en una serie de gestos que indican a las claras que le gusta su experimento. Pero en esa reflexión que sigue rumiando tras el esbozo de una idea se da cuenta de que hay un pequeño problema: no está solo en esa gesta. Y da por sentado el asunto en cuanto bromea con ese humor netamente gallego: «Tengo que hablarlo con ella».

No se necesita haber estado frente a ese acantilado del que habla Jabois para entender que los amigos son tierra firme. Incluso los adolescentes que han tenido una buena convivencia con sus padres han sentido en algún momento que la mayoría de los hilos que dan sentido a la vida se encuentran en el refugio de la amistad, el que Pepa encontró en *su* septiembre. Porque en cierta manera todos somos un poco huérfanos cuando empezamos a forjar quiénes somos, y en el grupo de amigos precisamente se da ese lugar en el mundo en el que se habla un lenguaje común, se establece una forma de moverse, de vestirse, de reírse, de abrazarse, de beber vino, del tipo de relaciones sexuales que se tienen y las que no se tienen. Y dentro de ese cobijo de comunalidades cada uno encuentra su lugar, el flaco, el bocho, el mudo o el loco. La forma de ser distinto, y único, estando entre iguales. La manera de ser en su lugar en el mundo.

Disfrutar a un amigo o ser un buen amigo

Le llamaremos José. No podemos usar su nombre porque este joven salvadoreño de veintitrés años trabaja indocumentado en un almacén del extrarradio de Madrid y no quiere poner en riesgo los ochocientos euros que cobra al mes por trabajar seis días a la semana, aunque el jefe le pide a veces que trabaje todos los días. Aun así, dice que está mucho mejor que como estaba en El Salvador. Aquí trabaja menos horas que en su país y cobra el doble. Es optimista frente al futuro, quizá porque acaba de llegar hace un par de meses y todo le resulta nuevo e ilusionante. Le mueve una motivación enorme: conseguir papeles y jubilar a su padre, un mutilado de guerra que perdió ambas piernas tras pisar una mina y que hoy subsiste cosiendo camisetas en su casa. José aún no tiene amigos en Madrid, pero quiso venir a hablar con nosotros sobre amistad y ha conseguido un permiso de su jefe para asistir a nuestro banquete.

Es un chico muy alto, delgado, de rasgos afilados y gestos suaves; hay una cierta elegancia natural en él. Empieza la conversación con una sentencia: «Mi madre me explicó hace mucho que un amigo no solo te va a tratar bien, también te tiene que abofetear... Hay personas que te van a tratar mal, pero es para tu bien». La idea de que el amigo de verdad no es solo la persona con la que te diviertes, sino que es alguien que te presenta oposición, está tan asentada en el ideal de la amistad que aparece de la misma manera en Aristóteles que en una madre salvadoreña.

En la vida que José ha dejado atrás, la amistad está supeditada a otro asunto mayor, la supervivencia: «En mi país, yo nunca viví una temporada tranquila, siempre había pandillas.

Entonces tú te tenías que relacionar con tu familia, nada más... Un chico de doce años ya tenía su pistola. Y si él quería, llegaba y te pegaba tu tiro... Siempre tenías que ser muy reservado con los nuevos amigos. Cuando iba a la cancha, yo recuerdo que solo jugaba con mis primos y con señores de cincuenta años para arriba. Nunca nos reuníamos con chicos de nuestra edad porque sabíamos que en mi colonia había mucha pandilla».

En El Salvador, cada colonia estaba bajo la «protección» de una de las dos maras —la Salvatrucha y la Mara 18— que se repartían el territorio en el país. Las maras controlaban la entrada y la salida de los residentes de una colonia, les pedían peajes por circular, por aparcar y por cualquier actividad lucrativa; controlaban incluso si se celebraba un cumpleaños o si se bebía en una casa. El que cruzaba la linde de una colonia a otra se exponía a morir a manos de los pandilleros que las protegían. Por eso, jugar en la calle equivocada, a la hora equivocada o con la persona equivocada podía suponer la muerte. Entre otros, la de un amigo íntimo de José, que murió en sus brazos a los diecisiete años por un simple descuido.

Estos dos compañeros de instituto vivían en distintas colonias. Una tarde, al salir de clase, José le propuso a su amigo quedarse charlando en un parque cercano y tomarse un refresco, para alargar la vuelta a casa, donde le esperaba un sinfín de tareas domésticas. El parque resultó ser la zona limítrofe entre los territorios controlados por las dos maras enfrentadas, y cuando unos pandilleros armados vieron allí a los dos chavales bebiendo un refresco, se liaron a tiros pensando que eran de la pandilla contraria. Mientras huían del tiroteo, una bala alcanzó al amigo de José y murió desangrado. Desde entonces, José se siente inmensamente culpable: «Yo llegaba a casa, ayudaba a mis padres a coser, a arreglar las ventas, ayudaba a mi madre con la limpieza cuando mi hermano no estaba. Yo solo quería despejar un poco mi mente, y es ahí donde tú dices: ¿disfrutar de una amistad o ser un buen amigo? Desde ese día yo me quedé pensando. Fui un mal amigo. Solo quise disfrutar una buena amistad... Ahora tengo ese miedo de que, por disfrutar a un amigo, pase algo malo de nuevo».

José conocía las rigurosas normas de las maras y el peligro que suponía relajarse para pasar un rato con un amigo en la calle y, sin embargo, lo hizo. En un país pacífico no se nos ocurriría jamás reprochar a un adolescente el descuido de tomarse un refresco con un compañero en un parque a la salida del instituto, pero en un contexto como el de entonces en El Salvador, la diversión era una imprudencia en la medida en que, para divertirse y disfrutar, uno debe despreocuparse y abandonar el estado de alerta. En ese relajarse, uno queda desprotegido y expone a los amigos. Por eso José enuncia esa disyuntiva que repite a lo largo de la conversación: «Disfrutar a un amigo o ser un buen amigo». En su experiencia, ambas cláusulas se excluyen entre sí, y abunda en esta tesis con una segunda historia, para la cual vuelve al primer día de instituto, en su barriada a una hora de San Salvador.

«Cuando llegué el primer día de bachillerato, vi en clase a un chamaco todo intimidante, y dije "*fua*, que no se siente a la par mía". Vos le ves la cara y vos decías: "Este no es buena ficha". Y justo se me sienta a la par y me comienza a hablar: "¿Qué onda, vos? ¿Vos quién sos? ¿Dónde vivís?". Con el tiempo nos fuimos adaptando y haciendo buenos amigos». La conexión es inmediata desde el primer día, están llamados a ser amigos por el azar de los pupitres, por un gesto, porque uno se fija en el otro. Pero este amigo tiene su futuro ya marcado, es hermano del cabecilla local de una mara y, según crecen, esta circunstancia se va haciendo cada vez más evidente: «Un día conocí a una chica, que tenía su novio, pero prefería estar conmigo». José nos cuenta que su amigo se interesó por su situación con ella y que al poco tiempo el novio desapareció durante una semana; cuando por fin apareció de nuevo, tenía un ojo morado. Lo habían molido a palos y le habían perdonado la vida. José entendió entonces que ese apaleamiento fue la manera en que su amigo le ayudó con la chica que le gustaba, y se estremeció. No quería formar parte de ese mundo de pandillas que es el destino inexorable de muchos de los chavales que le rodeaban, y se lo hizo saber a su amigo, quien lo entendió perfectamente.

«A mí me querían meter a pandillas en un determinado momento. Creo que tenía quince años. Y él me libró. Pero, imagínate tú, él no me libró diciendo "José es mi amigo", sino tratándome mal: "Ese puto no sabe, es un tonto. No va a poder vender la droga. No le hagan caso. Déjenlo". Sabía que yo no quería meterme. A mí me dejaron de molestar por eso y nunca le pude agradecer». Después de tratarlo mal y de declararlo un inútil para el crimen, el amigo de José se despidió de él, es decir, rompió la amistad, diciéndole: «Vos viví tu vida y yo la mía». Parecería que este compañero de instituto se enfrentó al dilema que enuncia José —disfrutar a un amigo o ser un buen amigo— y que decidió sacrificar la diversión, incluso *su* amistad, como acto supremo de *la* amistad.

Al poco tiempo, el amigo de José ascendió en la mara hasta ocupar el puesto de cabecilla. Ya no estaba en su mismo plano, en un espacio de paridad, sino que pasó a ser un dios, o más bien un demonio, que no puede relacionarse con simples mortales, en otro giro oscuro a esa reflexión de Aristóteles sobre la imposibilidad del vínculo amistoso cuando el amigo pasa a ser una divinidad. José lo dejó de ver por el instituto y le perdió la pista.

Años después, cuando José ya era un trabajador y vivía en su propia casa, en otra colonia, quiso visitar a sus padres. Un pandillero joven le salió al encuentro, le mostró el arma y le impidió el paso: no lo reconocía como «viejo» residente de la colonia y lo retuvo. Aparecieron otros pandilleros, la situación empezó a ponerse muy tensa, José recitaba nombres de vecinos para demostrar que pertenecía a ese barrio y como esos jóvenes pandilleros no sabían bien qué hacer con él, fueron a buscar a sus superiores: «Entonces llegó el jefe rapado, con la cara toda tatuada, y se me quedó viendo. A mí me temblaban las piernas y me dio un escalofrío que aún siento muchas veces. Pensé: "Joder, hasta aquí llegué, aquí me matan"». En ese momento de la narración José se queda en silencio, nos mira y nos dice: «¿Y sabes quién era?». El jefe de la pandilla, ese personaje tatuado e irreconocible hasta ese momento, era ni más ni menos que su viejo amigo, que, en cuanto vio que José lo había reconocido, le preguntó: «¿Has vivido bien? Me alegra verte. ¿Te acuerdas de mí? Te dije que no te iba a meter en problemas, que vos vivieras tu vida, que quiero vivir la mía. En esto me convertí». José cuenta que entonces se quebró en llanto y le preguntó: «Viejo, ¿por qué?», y que él le respondió: «Porque el barrio te llama a cuidar a los tuyos. Si yo te hubiese metido en la pandilla en ese entonces, no estarías aquí. Todos los que yo metí en el colegio donde íbamos están muertos, pero a vos no te quise hacer eso».

Sorprende encontrar en este criminal una cierta grandeza de espíritu para librar a su amigo del efecto negativo que a veces tiene la amistad. Muchos hemos tenido la suerte de no vivir en vorágines como las que azotaron las colonias de El Salvador, en las que elegir amistades es elegir entre la vida y la muerte. Pero aun en los sitios más pacíficos es común atestiguar casos en los que la presión social del grupo de amigos y el lugar en el mundo que nos ofrecen es un espacio tóxico en el que de una forma u otra una vida se tuerce. De esto ya advertía C. S. Lewis, que escribe que «la amistad (como la vieron los antiguos) puede ser una escuela de virtud; pero también (como no vieron los antiguos) una escuela de vicio. Es ambivalente. Hace que los hombres buenos sean mejores y los malos, peores».

6

Espacio y tiempo

Ser y estar

El francés, el alemán y el inglés han sido las lenguas dominantes en la filosofía moderna. A pesar de sus evidentes diferencias, las tres tienen un rasgo en común que condiciona su manera de observar el mundo: ninguna de ellas diferencia entre *ser* y *estar*. Quizá por ello el problema del *ser* se ha vuelto una obsesión para los filósofos que emplean estas lenguas, que les obliga a explicar las cosas y los sujetos en tanto que son, y no en tanto que están. Eso opina el filósofo Jorge Freire, que acudió a nuestra cita rumiando esta idea, sobre la que nos advierte que aún no ha escrito nada, y cuando un filósofo dice esto, lo que quiere decir es que aún no ha terminado de transformar sus intuiciones en teorías.

Freire nos contó que, desde que le llegó el mensaje con el que le invitamos al banquete sin conocerle de nada, le dio alguna vuelta al tema y vino con la sospecha de que «para comprender la amistad habría que dejar de lado esa obsesión machacona por el ser de las cosas, de la que hay que culpar, sin duda, a la filosofía». La idea es muy sugerente, porque si algo comprobamos tras muchas conversaciones, es que el amigo puede ser alguien que se nos parece mucho, o alguien que es totalmente diferente, alguien que es de fiar o alguien que no es de fiar, alguien que es tranquilo y nos da sosiego o alguien que es inquieto y nos activa, en fin, que puede ser una cosa o la contraria. La casuística en torno a las cualidades del ser de un amigo es tan diversa que no permite dibujar con nitidez el contorno de la amistad. En cambio, el verbo estar ofrece una clave más sencilla para fijar el concepto de amistad en el tiempo y en el espacio: «La amistad consiste en estar cuando hay que estar. Esto puede parecer muy obvio, pero me vino a la mente al recordar una frase del Evangelio de san Mateo, que es cuando Jesús les dice a los discípulos: "Mirad que yo estoy con vosotros hasta el fin del mundo"».

El amigo ausente, el que deja de estar, poco a poco deja de ser también, «pero, precisamente, si la amistad consiste en estar, yo creo que también consiste en no estar. Es decir, que es muy importante a veces no dar el coñazo», matiza Freire, y lo cierto es que la lengua castellana es especialmente fecunda en toda su extensión geográfica a la hora de nombrar a aquel que no sabe cuándo dejar de estar: pesado, pelma, brasas, coñazo, plomo, hinchabolas, jarto, ladrillo, cargoso, fome, denso... Es decir, que mientras que un amigo puede ser y no ser de mil maneras, difícilmente se puede ser un buen amigo sin saber cuándo estar, cuándo no estar y cómo estar. Quizá esta sea una de las virtudes cardinales de la amistad.

Aristóteles, en su *Ética*, habla de esta facultad para detectar cuándo estar disponible para el amigo que lo necesita, pero también recomienda que cuando estemos en situación de necesidad, tengamos cuidado de no abusar de la amistad reclamando a los amigos que estén y cargar a los otros con nuestras desgracias. Que mejor que pedir ayuda es confiar en un amigo atento al que no hace falta pedir nada porque sabe ya cuándo hay que estar. Seguir este consejo aristotélico nos libraría en gran medida de convertirnos en pesados para nuestros amigos o de padecer a un amigo pelmazo. Sentimos que nuestros mejores amigos son aquellos que están pendientes y saben interpretar con pocas señales cuándo necesitamos que estén. Y también agradecemos al amigo que deja de estar en sus propios momentos de oscuridad, de ofuscación, de tristeza o de furia, en definitiva, cuando solo puede ofrecer una presencia pesada para nosotros.

La diferencia entre ser y estar alumbra también otros aspectos menos evidentes de la amistad. Mientras que en un grupo de amigos pueden coexistir grandes diferencias en la forma de pensar y de ser, en general se establece un mimetismo en la forma de estar. Tanto es así que a una persona incapaz de mimetizarse con la forma de estar del grupo, como Martina, la paciente de Stern, se le cierra la puerta de la amistad.

Como todos los principios que han ido apareciendo en estas páginas, la primacía del estar sobre el ser también tiene excepciones. Antonio Lucas es poeta y periodista. Cuando conversamos con él, nos describe dos núcleos de amistades en su vida que son totalmente opuestos entre sí: uno está formado por otros periodistas y escritores, y ahí se impone claramente la tensión del ser; en el otro están sus amigos de adolescencia, aquellos que hizo antes de convertirse en un periodista relevante y escuchado, y allí simplemente se está.

Cuando Lucas se sienta a la mesa con sus colegas de profesión, es: «Lo cierto es que con mis amigos escritores siempre están los cuchillos tiritando bajo el polvo, como decía Lorca». Esa amistad mezcla la admiración con la rivalidad y no se inhibe de juzgar la obra del otro: «Yo quiero a estos amigos a muerte y no les deseo mal, pero siento que algunas veces no merecían ciertos triunfos y sospecho que yo no he merecido tampoco algunos otros y ellos habrán sido conscientes de eso», dice Lucas. En ese espacio de la tertulia sabe ya que será juzgado, y nos cuenta entre risas que cuando se levanta para ir al baño tiene el decoro de permanecer allí unos cuantos minutos para dejar que sus amigos se explayen, «porque es muy feo saber que te están despellejando y dejar el cadáver a medias».

Antonio diferencia a estos amigos escritores del otro grupo de amigos «de toda la vida, que no han leído nada, que no les interesa nada el mundo en el que yo me muevo; lo miran con una cierta bondad, pero también con un cierto escepticismo». Antonio se refiere a estos en un momento de la conversación como los «amigos de verdad», y cuando le preguntamos con algo de malicia si es que los otros son amigos de mentira, él alega que ha sido una traición del lenguaje, que ambos grupos son grandes amigos, pero que unos lo «han acompañado más de la mitad de la vida y parece que es una verdad mayor». Y es que acompañar es una forma de estar con el otro que no implica discutir, ni rivalizar, ni brillar, ni hacer ninguna otra cosa que no sea estar presente. Incluso aburrirse juntos. En general, solemos percibir las amistades que transcurren en el estar como más genuinas que aquellas que discurren en la tensión del ser. Son aquellas que resultan especialmente cómodas porque en ellas funcionamos casi inconscientemente, con una familiaridad que apenas precisa del lenguaje.

El ser es lo atemporal, lo que no depende de ninguna circunstancia, mientras que el estar representa lo ocasional, lo que ocurre en un momento y una situación precisa en la que se está presente. Uno *es* un ser humano, o *es* alto, o *es* ateo, condiciones que difícilmente cambian de un día para otro. En cambio, uno *está* comiendo, o *está* cansado. También hay atributos que admiten tanto el ser como el estar: uno puede *estar* aburrido y *ser* aburrido. A lo largo de este ensayo hemos ido revelando rasgos de la amistad que parecen estar mucho más vinculados al estar que al ser. Si nos fijamos en la lista de invitados al cumpleaños del hijo de Miguel Aguilar, que cambia año tras año, podríamos llegar a pensar que es más exacto decir que uno *está amigo* con otro, o que deja de estarlo, en función de las circunstancias. También se *está amigo* en una grupeta de ciclistas, o de músicos, o se *está amigo* en el baño del Revólver. Estos vínculos no son atemporales; por el contrario, se expresan en circunstancias, tiempos y espacios bien precisos. Aun con las amistades de toda la vida, y sobre todo con ellas, estamos más de lo que somos. Así como se usa con precisión el «estoy enamorado», por las mismas razones quizá deberíamos usar el «estoy amigo». Puede que este giro del lenguaje, que es a la vez un giro del pensamiento, nos ayude a entender y vivir mejor la amistad.

La fiesta

En algunas tabernas españolas pueden verse baldosas pintadas con textos que celebran, y a la vez alertan, sobre los efectos del vino. Uno de estos carteles enumera así las etapas de la borrachera: «1. Exaltación de la amistad, 2. Cánticos regionales, 3. Insultos al clero y las autoridades civiles, 4. Confesiones de las verdades de la vida, 5. Destrucción del local, 6. Devolución de lo bebido». Dos o tres copas de vino suelen convencernos de que no hacen falta más motivos para celebrar que tener los amigos que están con nosotros en la mesa, y cuando ya se agotan los «te quiero» y los «qué grande eres», los «eres un hijo de puta, pero te voy a amar siempre» y todas esas lindezas, se puede dejar ya la conversación y se avanza hacia la música y los cánticos. Se evoca la memoria compartida de las canciones que unen las voces y corazones de todos en un mismo sentimiento. A partir de ahí, hay quienes bailan y mantienen el punto alegre, mientras que otros toman derivas más peligrosas como las que enumeran esos carteles. Entonces empieza la fase no verbal de la noche.

También es habitual encontrar en viejas tabernas y bares de vinos un póster de *El triunfo de Baco*, ese cuadro de Velázquez popularmente conocido como *Los borrachos*. En él vemos al dios romano del vino con sus túnicas, rescatado de un pasado pagano. A su altura hay dos amigos que se arriman con gestos de pura alegría, uno le sujeta el hombro al otro y ambos sonríen no solo con la boca, sino con cada arruga, cada músculo y cada rasgo de la cara: ojos, cejas, carrillos y frente forman parte de su sonrisa. Están sincronizados en el feliz espacio de la ebriedad y nada menos que un dios ha bajado a la tierra para coronarlos y distinguir su fiesta y su amistad. La versión original del cuadro está en el Museo del Prado, no muy lejos de *La bacanal de los andrios* de Tiziano, que también celebra la fiesta del vino: la gente baila, canta, rueda por los suelos, se mira lascivamente, se toca. Hay niños, hay jóvenes y hay viejos, todos mezclados. El vino y la música han derribado en esa escena todas las barreras.

La fiesta, con sus condimentos —la música y las sustancias que provocan empatía, euforia y extroversión—, es un espacio de suma tolerancia en el que la amistad se exalta y se celebra, y en el que nos otorgamos los unos a los otros licencias extraordinarias para hacer el ridículo bailando, vestirnos de otra manera, abrazarnos, declararnos nuestro cariño sin pudor, orinar en la calle y usar el baño para hacer el amor, en suma, para desinhibirnos en un ambiente que exalta y a veces pone a prueba el círculo de amistad. Esto no siempre tiene buen final y encontrar los límites requiere un cierto aprendizaje; la fiesta a veces termina en una intoxicación severa, en un accidente de coche, en una brecha contra el lavabo o en una experiencia sexual peligrosa. Ya los antiguos griegos, que produjeron mucha literatura sobre los encuentros de amigos que beben vino y se divierten, señalaban que lo que se busca no es el desenfreno, sino esa alegría que abre los corazones.

En el *Banquete* de Jenofonte un grupo de amigos bebe, canta y conversa, y en esa sobremesa Sócrates le pregunta a Hermógenes, un comensal que está muy serio y apagado, qué considera que es beber demasiado. Hermógenes le contesta: «Molestar por culpa del vino a los que están a tu lado». Sócrates entonces le recuerda a Hermógenes que también él está molestando a los demás comensales con su silencio, y le conmina a participar. Y es que tanto los que están en el desenfreno como los que acuden a la fiesta y se quedan en una esquina callados, fuera de ese sentir común de alegría compartida, están ensimismados y desconectados de los demás, rompen la sincronía y revientan la fiesta por sus excesos o por negarse a divertirse con los otros.

Miguel Olivares es un publicista originario de Mondéjar, un pueblo de la provincia de Guadalajara. Vino a nuestro banquete acompañado de un amigo ingeniero de telecomunicaciones originario de Villajoyosa, un pueblo costero de Alicante. Se trata de Rodrigo Pineda, aquel tipo capaz de hacer una paella mientras toca la guitarra y pincha en una fiesta. Ambos tienen el pelo gris desordenado, camisas estampadas de colores, Miguel lleva un gran *smiley face* de metacrilato colgando del cuello, tienen la risa floja y antes de sentarse inspeccionaron bien el local, que les pareció idóneo precisamente para hacer una fiesta. Los dos son muy aficionados al jolgorio y suelen ser los primeros invitados cada vez que se organiza algún sarao. Rodrigo podría montar una discoteca en un garaje en cuestión de diez minutos. Miguel tiene una máquina llamada El Vulcano, que fue una tecnología que se inventó hace varios años para la gastronomía y que el mismísimo Arzak usó para extraer esencias de productos alimenticios a través de combustión lenta y empaquetar el humo para hacer aromas. Miguel lo utiliza en las fiestas para crear unos enormes globos de vapor de marihuana con los que hace de escanciador entre la concurrencia y pone en órbita a decenas de personas en un tiempo mínimo.

Señalamos sus orígenes porque es pertinente para entender de dónde sale esta destreza para el festejo: para quien ha crecido en un pueblo español, las fiestas patronales son un auténtico ritual de la amistad. Como tantos otros que se trasladaron para trabajar en grandes ciudades, los dos regresan por unos días a sus pueblos durante las fiestas y se reencuentran con viejos amigos de los que hace años que se separaron. La fiesta les ofrece el contexto perfecto para hermanarse de nuevo, sin necesidad de ponerse al día y, ni siquiera, de conversar. Uno retoma la relación allí donde la dejó: en ese espacio atemporal de la fiesta que cose el pasado con el presente en la repetición de un ritual, entre el estruendo de la pirotecnia y los pasacalles de las charangas.

Miguel nos habla de la fiesta del Correpiés de Mondéjar, una temeraria tradición en la que los vecinos, ebrios ya, lanzan petardos por el suelo y llenan todo de olor a pólvora.

Como todas las fiestas patronales, esta no solo junta a los amigos en el día en que acontece, el 13 de septiembre, sino que meses antes ya ofrece a cada cuadrilla un quehacer que los mantiene unidos y expectantes: «En julio arrancabas ya a coger el corral de tu abuela y sofisticarlo un poco, poniéndole unas telitas, un colchón para hacer un *privé* y un altavoz. Digamos que todos trabajábamos en un corral inmundo, en quitarle la maleza y tener así nuestro lugar durante las fiestas. Había un proyecto en común». Miguel recuerda también que, en esos preparativos para la fiesta, se medía la solidaridad y la ilusión con la que cada uno construía el acontecimiento. Era una auténtica prueba y «saltaba mucha gente que perdía la amistad porque uno curraba menos que los demás».

En el pueblo de Rodrigo se celebra una fiesta muy conocida y vistosa, la de Moros y Cristianos, en la que se representa el desembarco de invasores musulmanes del norte de África en las costas de Alicante. Para ello se utilizan barcos y muchísima pólvora. Desfilan diferentes tribus y clanes con sus estandartes, trajes y atavíos —Rodrigo pertenece a los tuareg—. El grado de minuciosidad y ensayo es tal que moviliza a todo el pueblo: «Lo que más nos unía una vez terminada la fiesta era estar luego todo el año hablando de lo bien que nos lo habíamos pasado; hasta mayo, que es cuando vuelven a empezar los preparativos. Y a partir de ahí ya solo hablas de cómo vas a organizar la siguiente. En realidad, hay dos estaciones en Villajoyosa: la de *cómo la vamos a liar* y la de *cómo la hemos liado*».

En realidad, Rodrigo está señalando algo que C. S. Lewis ya había advertido: «La amistad es el menos biológico de los amores. Tanto el individuo como la comunidad pueden sobrevivir sin ella; pero hay alguna otra cosa que se confunde a menudo con la amistad y que la comunidad sí necesita, una cosa que, no siendo amistad, es la matriz de la amistad». Desde esta matriz emergen una serie de tareas cooperativas vitales, como salir a cazar o defender el pueblo. Sobre esas actividades, Lewis dice que los seres humanos «no solo debíamos hacerlas, sino que teníamos que hablar de ellas: teníamos que hacer un plan de caza y de batalla. Cuando estas terminaban teníamos que hacer un examen *post mortem* y sacar conclusiones para el futuro, y esto nos gustaba todavía más. Ridiculizábamos y castigábamos a los culpables o a los chapuceros y elogiábamos a los que se destacaban». Hay un enorme paralelismo entre esta breve historia de la amistad del escritor norirlandés y la que nos contó Rodrigo. Hay fiestas que son simulaciones de aquellas batallas en las que alguna vez se jugó el destino de un pueblo. Siglos después, estas «batallas» son el espacio en el que los amigos se encuentran y construyen algo juntos.

De la fiesta y la amistad sabe mucho Jaime Ruiz-Morales, a quien la gente recortó su apellido para apodarlo Ruizmo de la Noche. El apodo era adecuado porque Ruizmo organizaba incesantemente fiestas y mesas de póquer en su casa, tanto para amigos como para gente que acababa de conocer. Eso lo llevó a la adicción al alcohol y las drogas y finalmente a tener que internarse en un largo proceso de rehabilitación. Tras un largo tiempo, volvió con cautela a Madrid. Ruizmo cuenta que al principio tuvo la sensación de que la ciudad había cambiado y de que ya no se hacían fiestas como las de antes. Más adelante cayó en la cuenta de que en realidad casi todas las fiestas a las que iba antes de internarse eran las que hacía él. No había cambiado Madrid, sino el anfitrión.

La parte central de su terapia requería que destruyera a ese personaje que había creado y que solo entendía la amistad en la fiesta, que necesitaba la ebriedad para abrir el canal con el otro y que buscaba perpetuamente un motivo y un contexto para drogarse. Uno de los momentos más duros de su proceso de rehabilitación fue cuando tuvo que sacar de su vida a todos sus amigos, sus hábitos y sus aficiones, para cuestionarlos y aprender a relacionarse de nuevo con la gente. Le aterraba la idea de solo poder amistarse ya con gente abstemia que desprecia la fiesta.

Muchos amigos de sus tiempos de fiestero desaparecieron de su vida para siempre: «Entonces descubrí que los amigos con los que me sentía cómodo, que no me incitaban, pero que tampoco eran unos ñoños y sabían estar de fiesta cuando tocaba, eran los que antes de la rehabilitación me hacían sentir culpa por pensar que yo era una mala influencia». Aquellos, en definitiva, que no habían olvidado el carácter excepcional de la fiesta y que habían aprendido a crear límites en el espacio compartido de ebriedad con los amigos. Hacer una fiesta es un gran esfuerzo y hacer demasiadas, como bien aprendió Jaime, destruye tu vida, tu salud y tu economía. Y además de eso, pierden su efecto más deseable: el de renovar el vínculo de amistad a través de un ritual que aspiramos a convertir en un feliz recuerdo compartido. Los pueblos, quizá por eso, solo tienen una gran fiesta al año en la que todos están llamados a participar.

En la gran ciudad, esa fiesta catártica de los pueblos en la que toda la comunidad se hermana de nuevo cada año no termina de funcionar. Rodrigo descubrió esto cuando fue a Barcelona a estudiar ingeniería en el 93: «Llegué en septiembre, justo para las fiestas patronales de Barcelona. Y, claro, yo pensaba que iban a ser como las de mi pueblo, pero más. Y no. Eran unas fiestas sin ningún tipo de emoción, con unos conciertos muy buenos, en unas plazoletas de ensueño, pero solo estábamos los turistas».

El factor cohesionador de la fiesta se diluye entre masas donde la gente apenas se conoce. En la ciudad son otro tipo de fiestas las que tienen un impacto en la construcción de la amistad. Estas son privadas y requieren de la generosidad de alguien para poner su casa, aun a riesgo de que derramen vino sobre los sofás, vomiten sin llegar a tiempo al baño y provoquen finalmente la furia de los vecinos. Son escasos los amigos que se inmolan para proporcionar a los demás un espacio de fiesta báquica, tan necesario para conocer a gente nueva en un estado que permite un acercamiento relajado que otro tipo de encuentros sociales más ordenados no facilitan.

Embarcarse

Jorge Freire habla a una velocidad de cuatrocientas palabras por minuto y, por si esto no bastara, desgrana una buena parte de ellas haciendo etimología en tiempo real. Lo hace para encontrar el origen de los conceptos y así va revelando sutilezas en los lugares más comunes y frecuentados de la amistad. Por ejemplo, nos cuenta que «compañeros» significaba «la persona con la que compartes el pan»; «Y aquel con el que comes todos los días, termina siendo tu amigo, tu compañero». La amistad, dice Freire, se forja más en lo que uno hace con frecuencia que en lo que uno es. Por eso en la escuela, la universidad o la mili, con gente a la que no hemos elegido, establecemos algunas de las amistades más entrañables de la vida. Esas que muchos de los entrevistados suelen describir como amistades *de verdad* o amistades *sin comillas*. Es la gente con la que, fortuitamente, nos hemos embarcado.

La relación causal también funciona al revés. Es la amistad la que nos permite embarcarnos sin miedo, aceptando los riesgos de una procelosa travesía. De esto nos habla Pablo Purón, que no se presenta por una vocación, un oficio o un lugar de origen, sino como miembro del colectivo artístico Boa Mistura. Así da cuenta de que algunas aventuras solo las emprendemos en buena compañía. Embarcarse es salir al mar como Jasón y los argonautas, como Eneas o como Ismael en el Pequod. O, a veces, es simplemente encerrarse en una habitación con un compromiso común «que cose al grupo». «El origen de Boa Mistura es el grafiti porque es lo que nos cose. Salir por la noche y correr con la policía detrás siempre nos dejaba con una sensación de querer más, y eso nos llevó a hacer murales más elaborados por el mero hecho de pasar más tiempo juntos. Y solo después a una búsqueda artística. Pero la semilla, el porqué de esos murales, era pasar un domingo entero en un descampado con los colegas, pintando». Este colectivo, que hoy recorre medio mundo pintando murales gigantes, es, en esencia, la aventura de cuatro amigos que buscan descubrir un propósito juntos.

«Cuando empezamos a pintar, pintaban el 80 por ciento de los chavales del barrio, o sea, el raro ahí era el que no tenía una firma. Wasone, Snir, rDick, Zawek, Kawol, un catálogo de nombres infames. Según te vas acercando al ojo del huracán de la adolescencia, se empieza a perder la afición. La calle y el grafiti son muy demandantes y, al final, es esfuerzo, tiempo, dinero y salir por la noche. En nuestro barrio todo el mundo ha probado, pero muy pocos se mantuvieron y fuimos un poco la resistencia». Al igual que los integrantes de Boa

Mistura, de niños todos hemos sido dibujantes. Pero la mayoría abandonamos cuando empieza a asomar la vergüenza, la mirada severa de los demás que nos hace sentir raros o que no somos lo suficientemente buenos. Es más fácil no abandonar la vocación del dibujante, o de cualquiera de los otros oficios de la niñez, si estamos acompañados por amigos que nos arropan. Con ese ánimo preciso, los integrantes de Boa Mistura solían reunirse con raperos de Canillejas, Barajas y Ciudad Pegaso. En esas vías de tren abandonadas se daban fuerza unos a otros para seguir pintando, amparados por una regla no escrita que establecía un compromiso: «Si un domingo quedabas para pintar, tú el sábado ya te podías haber emborrachado como un piojo que a la mañana siguiente te levantabas, porque no querías dejar colgados a tus compañeros».

Boa Mistura se inició como una pandilla de suburbio de clase media madrileña que pintaba grafitis como quien juega al fútbol con sus amigos, y probablemente no hubieran pasado de eso si no hubiesen recibido, de pronto, una invitación para embarcarse juntos en un viaje. Los convocaron para pintar la inmensa fachada del edificio en el que funcionaba la sede de un club juvenil de bicicletas BMX en un barrio de chabolas de Johannesburgo. Como el muro era demasiado grande para que solo cuatro personas lo pintaran, se les ocurrió pedirles a los propios jóvenes del barrio que les echasen una mano. Ya con el trabajo terminado, descubrieron que la pared pintada no solo dignificaba al club, sino que esa dignidad además se transfería a los chavales que los ayudaron. Al contemplar aquellas barracas que ellos mismos habían pintado, esos chicos se llenaron de orgullo. En ese momento estos cuatro amigos adquirieron una nueva misión y redoblaron su ambición. Empezaron a pintar barrios enteros por todos los rincones del mundo, implicando a miles de personas que, a través del grafiti, ya no solo transformaban paredes sino comunidades.

Muchas amistades alientan y contagian una disposición a la intrepidez, en ellas se despierta el espíritu aventurero, se pierde la vergüenza, se apaga la voz interna del miedo y se enciende la chispa que incita a pasar a la acción. Son amistades que no se conforman con dar patadas al balón en el parque o charlar siempre en el mismo café, sino que piden a gritos ir juntos a hacer algo. Embarcarse para encontrar un sentido. Montar una banda de rock, hacer un viaje en bicicleta, abrir una librería en Vallecas, subir una montaña, crear Google, descubrir la estructura del ADN, editar un fanzine o escribir un libro sobre la amistad.

O embarcarse para huir de la miseria y atravesar el Sahara con cinco amigos para llegar a los países de los blancos.

Los países de los blancos

Conocimos a Amadou en un local con barra y cocina de Madrid en el que se organizó un torneo de mus. Era el único empleado y hacía indistintamente de portero, de camarero, de friegaplatos y de pinche de cocina, lo que hiciera falta. A medida que avanzaba la tarde, la concurrencia se emborrachaba, tropezaba, rompía vasos o se ponía a gritar si no había hielo, pero él jamás perdía la calma ni la sonrisa. En uno de sus escasísimos momentos de reposo pudimos charlar con este joven migrante y nos dejó impresionados con el relato de su llegada a España. Tanto que, siete meses después, cuando nos dispusimos a reunir a tantas personas diferentes como fuéramos capaces para escuchar historias sobre la amistad, la suya nos vino inmediatamente a la memoria.

«Soy Amadou Diallo, soy de Guinea-Conakri, tengo veintidós años y ahora vivo en Madrid». Está aquí porque cuando tenía trece, en el colegio, les mostraron un vídeo de Europa. Una hora después se quedó charlando en la calle con tres amigos y alguno de ellos, ya no recuerda cuál, lanzó una idea: «¿Y si nos vamos?». «La verdad, si les soy sincero, yo no sabía que existía España. Yo solo quería venir a Occidente, a los países de los blancos».

Aquel vídeo precipitó una aventura que hacía tiempo venía dando vueltas en las conversaciones de los cuatro amigos. Se fueron envalentonando y desafiando los unos a los otros, convocaron a otros dos amigos del barrio y armaron un plan demasiado simple como para ser llamado plan. En todo caso, suficiente para ponerse en marcha. Cada uno robó algo de dinero a su madre, «tan poco que no quiero decirlo», y se subieron a un camión que no iba a Europa, sino a la frontera con Malí. Se embarcaron sin teléfonos, siguiendo una caravana de gente que migraba, como ellos, hacia la tierra de los blancos. Amadou precisa que de los seis que salieron solo uno era muy amigo y el resto poco más que conocidos. Justo esa misma noche, en otra conversación del banquete, Milo nos dijo: «Un hermano a veces es un amigo, pero un verdadero amigo siempre es un hermano». Amadou se embarcó con cuatro amigos y un hermano, de nombre Alpha.

Apenas cruzaron la frontera, detuvieron a dos de ellos para devolverlos a Guinea, ya que sus padres habían denunciado su desaparición. «Los otros cuatro seguimos hasta llegar a Malí y de ahí nos perdimos hacia Argelia, en un desierto enorme, con policías, gente armada, los tuareg». En una situación confusa, los cuatro amigos fueron detenidos sin saber por quién, ni por qué, ni tampoco por qué un día después solo dos de ellos, Amadou y Alpha, fueron liberados. Quizá se apiadaron porque eran, de lejos, con sus trece años, los más pequeños del pelotón. En cambio, los otros dos pasaron semanas detenidos y, cuando por fin salieron, desviaron su rumbo a Libia para, desde allí, cruzar el Mediterráneo hasta Italia. Pero nunca llegaron. Al parecer, uno de ellos estuvo mucho tiempo encarcelado, y quizá sigue deambulando sin haber podido llegar «a un país de Occidente». Nadie sabe nada de él, hace años que no llama a su casa, su rastro se perdió en el desierto libio y Amadou teme lo peor, pero no se atreve a certificar el final de su aventura.

En cambio, Amadou sí conoce bien el destino del otro amigo que fue rumbo a Libia. Agacha la cabeza y se le pierde la mirada al recordarle, le cuesta hablar: «Lamento mucho decirlo... El otro falleció». Tras pronunciar con esfuerzo esta frase, Amadou pierde la entereza con la que venía narrando su historia y se quiebra en un llanto desconsolado. Este fue el momento más duro de todas las charlas que tuvimos aquellos días. Le dimos un abrazo y permanecimos en silencio hasta que se recompuso y recuperó la fuerza para seguir rememorando ese largo viaje que lo trajo a Madrid.

Por otro lado, Amadou y su *hermano* Alpha siguieron el plan original, por el sur de Argelia rumbo a Marruecos. Dos que caminan juntos, inseparables, encuentran un coche que los acerca un tramo, y luego otro, y un campamento, y otro coche, y cruzan el desierto en relevos, arropándose, pegados el uno al otro en muchas noches heladas, buscando compañeros de ruta, habiendo aprendido ya que cualquiera puede traicionarte, viendo a gente desplomarse y morir de sed o de extenuación. En esa epopeya, estos dos niños se toparon con todo el arco humano: desde la compasión más inesperada hasta la mezquindad más cruel.

Al fin llegaron a Nador, la ciudad marroquí al otro lado de la frontera de Melilla, ese limbo al que llegan subsaharianos de toda África y donde pasan días, meses, años, pagando el alquiler para dormir en chabolas abarrotadas en las que esperan una oportunidad de saltar la valla. Los dos amigos habían hecho un periplo imposible, pero aún les faltaba otro tanto, y fue allí donde sus caminos se separaron: «No queríamos, pero, ¿sabes?, estás ya en manos de las mafias, porque es superdifícil de cruzar; hay mucho control, hay perros, hay policía armada hasta los dientes. Un foso supergrande de siete metros que nunca voy a olvidar».

Un tío de Amadou le mandó dinero para que le pagase a la mafia y pudiera cruzar. En esta parte del relato nos pide un papel y dibuja de memoria un mapa de Melilla rodeado de una mancha enorme. Es el Mediterráneo. Melilla, nos cuenta, está cercada por vallas dobles, con varios metros de altura, con pinchos, cuchillas, cámaras, focos y guardias. Pero hay un pequeño tramo, en la entrada del mar, que no está vallado. Por ahí es por donde se cruza, y por eso los mafiosos que facilitan la entrada a Europa (o a la muerte) hacen a sus *clientes* una prueba de natación antes de salir. Amadou sabía nadar porque en Guinea hay una temporada de lluvias torrenciales en la que todos los ríos se desbordan: «Pagué a la mafia y me metieron en una lancha. Navegamos hasta llegar a medio kilómetro de la costa de Melilla. Ahí me dijeron que saltase al agua y que nadase».

Sin nada más que unos calzoncillos, Amadou nadó con todas sus fuerzas esos quinientos metros que lo separaban del país de los blancos. Nada más hacer pie en la costa, la Guardia Civil lo detuvo y quedó internado en un centro de menores. Ahí empezó otra historia de lealtades, pruebas y traiciones. Pasaron días, semanas, meses y años hasta que ese niño que había salido de su casa con trece tomó el ferry que por fin lo llevaría al país de los blancos. Tenía dieciocho años. A Alpha, ese amigo que se llama hermano, aún le quedaba un buen trecho. Se quedó cuatro años varado en las chabolas de Nador, hasta que cruzó en una patera a España y de allí se fue a Lyon, Francia, donde sigue con trabajos precarios e indocumentado.

Para terminar su narración, Amadou busca en el teléfono un par de fotos. En una salen él y Alpha; es una foto del comienzo del viaje. Amadou es un niño bajito, poco musculado, aún un preadolescente. Alpha le saca casi media cabeza, pero no deja de ser otro niño también. La siguiente foto que nos enseña es la de dos hombres altos y fuertes. Está tomada en Lyon, muestra el momento en que, por fin, después de tanto tiempo, Amadou vuelve a encontrarse con el amigo junto al que caminó.

Reflexiones de sobremesa

Conversamos, escuchamos, comimos, bebimos, pensamos y escribimos sobre la amistad intentando encontrar orden en la diversidad de voces y opiniones del banquete. En realidad, nos acercamos a la amistad como quien investiga algo que conoce bien pero que apenas entiende. Como dos niños que pintan una pared porque les gusta y les divierte, pero también para aprender cómo se mezclan las pinturas para buscar colores nuevos. En cierta manera, toda obra es un experimento.

De adultos seguimos haciendo experimentos, aunque no los llamemos así. El que ensaya una nueva relación, la que va a comer a un sitio al que nunca ha ido, la que viaja a un lugar desconocido, el que prueba una droga o la que de un día para otro deja su trabajo para encontrar nuevos rumbos. Hacer un experimento es embarcarse en un viaje transformador hacia lo desconocido para el que estamos mucho mejor preparados si vamos con amigos. Por eso la ciencia raramente se hace de manera individual y, por el contrario, ha sido un espacio de amistades entrañables.

«Las matemáticas comenzaron efectivamente cuando unos pocos amigos griegos se juntaron para hablar sobre números, líneas y ángulos. [...] Tal vez se podría decir, sin mucha exageración, que [...] el movimiento contra la esclavitud, la Reforma, el Renacimiento, comenzaron de la misma manera». Así argumenta C. S. Lewis que a través de la amistad germinaron los movimientos artísticos, científicos y políticos que han transformado el mundo.

Nuestro banquete fue también un ejemplo de todo esto, un experimento al que dos amigos nos acercamos con ese espíritu lúdico de la infancia, implicando a la vez a otros amigos. Antes de ponernos a escribir, cuando imaginábamos cómo sería un ensayo sobre la amistad, nuestro primer impulso fue el de buscar referencias y ejemplos extraídos principalmente de la ciencia, la filosofía y la literatura. Cuando empezamos a consultar a amigos sobre la amistad, todo el enfoque cambió. Nos sumergimos en un terreno de alta imprevisibilidad, y aquellas conversaciones que pensamos que serían un punto de partida para orientar nuestra búsqueda tomaron un cuerpo que no hubiésemos imaginado.

Hoy en día, los saberes están muy especializados, como el de los afinadores de piano, los reposteros o los endocrinólogos. Sin embargo, pasada la adolescencia, la vida nos ha dado a todos un doctorado en la amistad. Por eso mismo aquí podemos jactarnos de algo que en casi ninguna otra disciplina se podría haber hecho: consultar a setenta y cinco grandes expertos en el tema que nos incumbe. Quizá también por esto nuestras conversaciones se volvieron la materia misma del ensayo. Lo curioso es que en esta materia, en la que todo el mundo es un gran experto, nadie ha recibido jamás una clase, ni la ha dado, ni para otros, ni para sí mismo. Empezando por la pregunta más evidente, ¿por qué tenemos los amigos que tenemos?, en la que ya aparecen los tópicos y lugares comunes: la amistad es la familia elegida, solo las de la infancia son las verdaderas o los Amigos, con mayúscula, pueden pasarse años sin hablar y retomar como si se hubieran visto ayer.

Tan rápido como asoman estas ideas en una conversación con ánimo de pesquisa, se hace evidente que las cosas son más complejas de lo que parecen. De hecho, los invitados que vinieron con el propósito de darnos una definición de amistad descubrieron que esta era una tarea imposible. Casi todos se fueron con menos certezas de las que tenían al llegar.

La ciencia de la amistad es bastante similar a la biología: se trata de encontrar patrones comunes en un abismo de diferencias. La fauna toma todo tipo de formas y tamaños: organismos microscópicos, aves que migran del Ártico al Antártico o plantas que giran para buscar el sol. Toda esta diversidad de organismos está construida en un manto común de proteínas, de células y mitocondrias. La biología es el estudio de la regularidad en la diversidad, porque de eso se trata la vida. Y lo mismo se puede decir de esta expresión tan fundamental de la vida: la amistad.

Hay quien piensa que las amistades requieren un buen tiempo para construirse, pero Marta Peirano hace grandes amigas en el baño de una discoteca y Laura Riñón lo hace a diez mil metros de altura, con sus *espejismos supersónicos*. Se podría suponer que la amistad tiene que ser entre iguales, pero Fernando Cano nos contó que se siente amigo del presidente de un banco cuando los dos se suben a una bicicleta. Puede haber amistades en reposo, como las de Valeria Palmeiro o Silvia Gold, que calman sin exigencia, y otras que se desafían constantemente en la rivalidad del juego, como las de Pita. Si bien suelen ser de a dos, los bilbaínos tienen sus cuadrillas y Lucas su banda inseparable. Se construyen en la lealtad, pero las más fuertes admiten, como nos contó Santiago Gerchunoff, cierto grado de traición. Algunas no conceden la interferencia del deseo, pero Leonor Watling cree que la tensión sexual puede ser parte de la amistad.

Tras horas y horas de conversaciones, la única conclusión *clara y distinta* es que, si bien hay un gran consenso sobre cuáles son los grandes temas de la amistad, no se puede definir un límite, ni una posición precisa sobre cada uno de ellos. Por ejemplo, la duración es uno de los temas ineludibles para entender la amistad, pero no hay forma alguna de determinar cuánto ha de durar una *verdadera amistad*.

Por eso nosotros, por tentador que fuera, nos abstuvimos de usar imperativos y generalizaciones de esas que tanto abundan en los textos clásicos, como «toda buena amistad debe...», «el buen amigo es...», «no puede haber amistad con...». La amistad, para los antiguos, siempre se definió en términos absolutos y no fue hasta el Renacimiento cuando empezó a hablarse de ella como una experiencia particular del yo. Así, cuando Montaigne habla de su amistad con La Boétie, la describe como única y diferente de las otras amistades, es decir, no habla de *la* amistad, sino de una determinada forma de amistad suya con otra persona muy concreta.

Nosotros aquí hemos procurado ir más allá y abordar la amistad no desde el yo, ni tampoco desde nuestra lectura personal de los textos sobre la materia, sino a partir de la experiencia personal de las setenta y cinco personas que pasaron por nuestro banquete. Ese espacio para la conversación, el descubrimiento, la celebración de ideas, de miradas y silencios, de opiniones variopintas. Un lugar para celebrar y descubrir la amistad. Ahí nos lanzamos nosotros a través de este experimento, andando juntos, uno al lado del otro, mirando el mismo horizonte.

Damos las gracias a todos nuestros amigos, a los que vinieron al banquete y a los que no. A los que nos fallaron y a los que fallamos. A los amigos que hicimos durante estas conversaciones.

Marcos Urwitz y Peru Urquiaga

Bibliografía

Introducción

Aristóteles, *Ética a Nicómaco*, Madrid, Gredos, 2023.
El poema de Gilgamesh, Madrid, Cátedra, 2015.
Homero, *Ilíada*, Barcelona, RBA, 2023.
Jenofonte, *Recuerdos de Sócrates. Económico. Banquete. Apología de Sócrates*, Madrid, Gredos, 2016.
Platón, *Diálogos. Fedón, Fedro, Banquete*, Barcelona, Penguin Clásicos, 2019.

1. El lenguaje de la amistad

Dubrovsky, S., S. Alzamora, G. Blanck, J. A. Castorina, A. Silvestri e I. L. Tolkachier, *Vigotski: su proyección en el pensamiento actual*, Buenos Aires, Novedades Educativas, 2000.
Kavafis, K., *Poesías completas*, trad. de J. M. Álvarez, Madrid, Hiperión, 1997.
Lewis, C. S., *Los cuatro amores*, Madrid, Rialp, 1996.
McLuhan, M., *Comprender los medios de comunicación. Las extensiones del ser humano*, Buenos Aires, Paidós, 1996.

Molina, J. L., J. Ozaita, I. Tamarit, Á. Sánchez, C. McCarty y H. Russell, «Structural measures of personal networks predict migrants' cultural backgrounds: an explanation from Grid/Group theory», *PNAS Nexus*, 1(4), 2022.

Nespor, M., e I. Vogel, *Prosodic phonology*, Berlín, Walter de Gruyter, 2007.

Oda, E., *One Piece*, Shūeisha, 1997.

Peirano, M., *Contra el futuro. Resistencia ciudadana frente al feudalismo climático*, Barcelona, Debate, 2022.

Tamarit, I., J. A. Cuesta, R. I. Dunbar y A. Sánchez, «Cognitive resource allocation determines the organization of personal networks», *Proceedings of the National Academy of Sciences*, 115(33), 2018, pp. 8316-8321.

2. Flechazos y rupturas

Aristófanes, *Las nubes*, Santiago de Chile, Editorial Universitaria, 2005.

Aristóteles, *Ética a Eudemo*, Madrid, Gredos, 2002.

Baudelaire, C., *Las flores del mal*, Madrid, Cátedra, 2006.

Beckett, S., *Three Novels. Molloy, Malone Dies, The Unnamable*, Nueva York, Grove Atlantic, 2009.

Cantar de Roldán, Madrid, Gredos, 1999.

Domingue, B. W. *et al.*, «The social genome of friends and schoolmates in the National Longitudinal Study of Adolescent to Adult Health», *Proceedings of the National Academy of Sciences*, 115(4), 2018, pp. 702-707.

Emerson, R. W., *Ensayos*, Madrid, Cátedra, 2014.

Escribano, D., F. J. Lapuente, J. A. Cuesta, R. I. Dunbar y A. Sánchez, «Stability of the personal relationship networks

in a longitudinal study of middle school students», *Scientific Reports*, 13(1), 2023, p. 14575.
Esquilo, *La Orestíada*, Buenos Aires, Albatros, 1946.
Franklin, B., *Fart Proudly. Writings of Benjamin Franklin You Never Read in School*, Berkeley, North Atlantic Books, 2019.
Frumin, I. et al., «A social chemosignaling function for human handshaking», *eLife*, 4, 2015.
Genet, J., *Diario del ladrón*, Barcelona, Seix Barral, 1983.
Quevedo, F. d., *Gracias y desgracias del ojo del culo*, Madrid, Maxtor, 2013.
Rabelais, F., *Gargantua y Pantagruel*, Madrid, Círculo de Amigos de la Historia, 1973.
Rose, S. M., «How friendships end: Patterns among young adults», *Journal of Social and Personal Relationships*, 1(3), 1984, pp. 267-277.
Wedekind, C., T. Seebeck, F. Bettens y A. J. Paepke, «MHC-dependent mate preferences in humans», *Proceedings of the Royal Society of London. Series B: Biological Sciences*, 260(1359), 1995, pp. 245-249.
Yamazaki, K. et al., «Odor types determined by the major histocompatibility complex in germfree mice», *Proceedings of the National Academy of Sciences*, 87(21), 1990, pp. 8413-8416.

3. Igualdad y asimetrías

Cicerón, M. T., *Sobre la amistad. Laelius de amicitia*, Madrid, Verbum, 2020.
Cioran, E. M., *Ese maldito yo*, Barcelona, Tusquets, 1988.
Miller, S. E., R. E. Reavis y B. N. Avila, «Associations between theory of mind, executive function, and friendship

quality in middle childhood», *Merrill-Palmer Quarterly*, 64(3), 2018, pp. 397-426.

Ross, M. y F. Sicoly, «Egocentric biases in availability and attribution», *Journal of Personality and Social Psychology*, 37(3), 1979, p. 322.

Plutarco, *Obras morales y de costumbres (Moralia)*, Madrid, Gredos, 1985.

Serrat, J. M., *Fiesta (Mi niñez)*, BMG Music Spain. S. A., 1997.

4. Los límites de la amistad

Aristóteles, *Poética*, Barcelona, Icaria, 2000.

Frith, C. y U. Frith, «Theory of mind», *Current Biology*, 15(17), 2005, R644-R645.

Lemay Jr., E. P. y N. R. Wolf, «Projection of romantic and sexual desire in opposite-sex friendships: How wishful thinking creates a self-fulfilling prophecy», *Personality and Social Psychology Bulletin*, 42(7), 2016, pp. 864-878.

Montaigne, M. d., *Ensayos*, Barcelona, Acantilado, 2016.

Noé, Mariana, *Basta de coger: crónica de mi celibato*, 2019, <https://medium.com/@mariana.beatriza>.

Piff, P. K. *et al.*, «Shifting attributions for poverty motivates opposition to inequality and enhances egalitarianism», *Nature Human Behaviour*, 4(5), 2020, pp. 496-505.

Platón, *Gorgias*, Santiago de Chile, Editorial Universitaria de Chile, 2002.

Triplett, N., «The dynamogenic factors in pacemaking and competition», *The American Journal of Psychology*, 9(4), 1898, pp. 507-533.

5. Identidad y memoria

Boétie, É. d. l., *Discurso de la servidumbre voluntaria*, Barcelona, Página Indómita, 2022.
Borges, J. L., *El Aleph*, Barcelona, Debolsillo, 2011.
Chateaubriand, F. R., *Memorias de ultratumba*, Barcelona, Acantilado, 2004.
Harris, J. R., *El mito de la educación. Por qué los padres pueden influir muy poco en sus hijos*, Barcelona, Grijalbo Mondadori, 2000.
Janosch, *¡Oh, qué bonito es Panamá!*, Barcelona, Kalandraka, 2010.
Prinstein, M. J. y J. W. Aikins, «Cognitive moderators of the longitudinal association between peer rejection and adolescent depressive symptoms», *Journal of Abnormal Child Psychology*, 32, 2004, pp. 147-158.
Salinger, J. D., *El guardián entre el centeno*, Madrid, Alianza, 1982.
Stevenson, R. L., *El extraño caso del Dr. Jekyll y Mr. Hyde. Los hombres dichosos y otros cuentos y fábulas. La Isla del Tesoro*, Madrid, Edimat, 2004.
Ueno, K., «The effects of friendship networks on adolescent depressive symptoms», *Social Science Research*, 34(3), 2005, pp. 484-510.

6. Espacio y tiempo

Apolonio de Rodas, *Jasón y los argonautas*, Madrid, Gredos, 2016.
Melville, H., *Moby Dick*, Barcelona, Austral, 2015.